¿Y si lo que sabías del DINERO está mal?

Diseña tu propio sistema bancario infinito (IBC) y retoma el control

Lupita Villegas

© 2025 Lupita Villegas

Todos los derechos reservados.
Ninguna parte de esta publicación puede ser reproducida, almacenada o transmitida en ninguna forma ni por ningún medio, ya sea electrónico, mecánico, fotocopia, grabación o cualquier otro sistema, sin el permiso previo y por escrito de la autora.

Este libro está basado en investigaciones, experiencias y opiniones personales. No pretende ser asesoría financiera, legal o fiscal. El lector es responsable de consultar con profesionales antes de tomar decisiones importantes.

ISBN: 979-8-9986669-0-2

Primera edición: 2025
Publicado por: Guadalupe Villegas
Website: www.sistemaibc.com
Email: lupita@sistemaibc.com
Teléfono: (971)770-8377

Agradecimientos

A Dios,
por ser la fuente de toda sabiduría, provisión y propósito.
Este libro es una semilla sembrada con fe, y cosechada con gratitud.
A mi esposo José,
por tu amor incondicional, por darme alas, por confiar en cada idea loca y sostenerme con total libertad.
A mi familia,
por su amor incondicional y su paciencia infinita.
A mis hijos:
César, por su nobleza, obediencia y corazón generoso. Tu determinación y tu fuerza me motivan a ser mejor cada día.
Alan, por ser mi mano derecha incansable, mi apoyo silencioso y valiente desde que emprendimos este viaje en el mundo del IBC. Gracias por creer cuando apenas comenzábamos a construir.
A Nelson Nash, por su brillantez, su valentía y por regalarnos un mapa hacia la verdadera libertad financiera.
Y a todos quienes continúan su legado en el Instituto Nelson Nash, sembrando conocimiento y despertando conciencias.
A Jon Webster y a toda la familia de MPG Wealth, por su acompañamiento constante, su profesionalismo, y por tenderme la mano en cada paso.
A dos grandes amigas, Lupita y Robin, por ser mis oídos, mi impulso, y mi abrazo en los momentos en que más lo necesitaba. Ustedes han sido más que apoyo; han sido bendición.
Este libro es fruto del amor, la guía y el respaldo de todos ustedes.
Gracias por caminar conmigo.

> La vida es como un candado de combinación; tu tarea es encontrar los números correctos, en el orden correcto, para que puedas tener todo lo que deseas. - Brian Tracy

> Dentro de veinte años, ¿qué desearías haber hecho hoy? - Chris Brady

Índice

Agradecimientos

Introducción   1

Capítulo 1: El Problema Invisible   5

Capítulo 2: ¿Y si existiera otra forma?   21

Capítulo 3: El Concepto Bancario Infinito®   35

Capítulo 4: Las 4 etapas del viaje IBC   49

Capítulo 5: La Arquitectura de Tu Sistema   60

Capítulo 6: Usando tu sistema de forma inteligente   71

Capítulo 7: Historias Reales, Resultados Reales   80

Capítulo 8: Tu momento ha llegado   87

Libros Recomendados   89

Introducción: Este puede ser el punto donde todo cambia

Hay momentos en los que uno se siente atrapado.

Fui a la escuela, sacaba excelentes calificaciones, era muy trabajadora.
Me esforzaba mucho por hacer las cosas "bien", pero igual no veía mucho avance.
Mi cuenta subía… y bajaba. Los impuestos aumentaban. Las deudas seguían ahí.
Y, aunque ganaba bien, **vivía con preocupaciones presentes y futuras.**
Triste. Frustrada y en incertidumbre.
Pero con unas ganas enormes de encontrar una solución.

Sentía, muy dentro de mí, que **fui hecha para más.**
Y quizás tú también lo sientas.
No son ambiciones vacías.
Es una voz en el fondo de nuestro corazón que no nos deja rendirnos.

Este libro es para ti, si alguna vez has sentido que estás remando contra corriente.
Porque, seamos honestos: **el sistema financiero tradicional no fue diseñado para ayudarte a prosperar.**
Fue hecho para proteger los intereses de quienes lo controlan.

Pero eso no significa que estés condenado.
Al contrario.
Si estás dispuesto a aprender, cuestionar y liberarte de tantas ataduras mentales que nos enseñaron desde niños,
ese mismo sistema puede comenzar a funcionar a tu favor.
Porque cuando entiendes las reglas del juego,
puedes dejar de ser una pieza...
y empezar a jugar como quien controla el tablero.

El **Concepto Bancario Infinito**® no es un producto.
Es una forma de pensar.
Una forma de vivir.

Es la decisión consciente de **recuperar el control**.
De construir un sistema financiero propio.
De proteger a quienes amas.
Y de asegurarte de que el trabajo de tu vida no desaparezca con un mal año...
sino que **crezca generación tras generación**.

Y no solo se trata de dinero.
Se trata de **tiempo**.

Porque cada día que pasa, **envejecemos**.
Y el tiempo no se recupera.
Por eso, no basta con ser productivo.
Queremos plenitud. Queremos paz. Queremos propósito.

Libertad financiera sí... pero también libertad de tiempo, de alma y de decisión.

Este libro es un viaje.

Desde la confusión hasta la claridad.

Desde el miedo hasta el poder.

Desde la dependencia hasta tu propio sistema.

No necesitas ser experto en finanzas.

Solo necesitas estar listo para **pensar diferente**…

y empezar a **construir lo tuyo**.

Y aunque el sistema financiero actual no está diseñado para ayudarte a prosperar, si te esfuerzas por aprender y rompes con las ataduras mentales que te han impuesto, puedes usar ese mismo sistema a tu favor. Sí, el juego está manipulado, pero no estás indefenso. Cuando sabes cómo funciona realmente, puedes tomar el control. Puedes convertirte en el banquero, no en el esclavo del banco. Puedes crear un sistema financiero personal que funcione para ti, no para otros.

Este libro está profundamente inspirado en el legado de R. Nelson Nash, el pionero del concepto de Conviértete en tu propio banquero (Becoming Your Own Banker®). Le agradezco profundamente por sembrar esta semilla de libertad financiera que ha dado frutos en miles de familias. Y también agradezco a quienes hoy continúan su legado con pasión, integridad y amor. Este conocimiento no solo es una herramienta, es un acto de amor y rebeldía consciente contra un sistema que nos quiere ignorantes y dependientes.

Así que, si estás listo para comenzar este viaje, no necesitas ser experto. Solo necesitas estar dispuesto a desaprender y aprender de nuevo. A pensar diferente. A liberarte. Este libro será tu mapa. Porque tú mereces vivir con libertad, paz y abundancia. Y esta puede ser la llave que cambie todo.

Agradezco con todo mi corazón al señor **R. Nelson Nash**, por haber iluminado este camino con sabiduría, amor y visión. Y a quienes hoy, con pasión y compromiso, continúan su legado:
su familia, sus alumnos, y todos los que, como yo, hemos decidido compartir este mensaje de libertad, aprendiendo y formándonos a través del programa de Profesionales del IBC del Instituto Nelson Nash.

Si estás leyendo esto, no es casualidad.
Es tu momento.

Que este libro sea un antes y un después en tu vida. No porque te prometa una fórmula mágica, sino porque te devolverá algo que nunca debiste perder: **el control.**

Comencemos.

"El dinero es una herramienta. La libertad, un derecho. Y el control, una decisión."

"Máxima Libertad dentro de un máximo de orden"

Capítulo 1: El Problema Invisible

Lo que no sabes te está costando una fortuna

Vivimos en un sistema que aplaude el esfuerzo, pero castiga la ignorancia financiera. Nos enseñaron a trabajar duro, a ahorrar "lo que se pueda" y a confiar en que, algún día, todo valdrá la pena. Pero nadie nos dijo que había una trampa. Una trampa silenciosa, disfrazada de normalidad: trabajar, ganar dinero, entregarlo todo, y no quedarte con nada. Lo que no sabes sobre cómo funciona el dinero —y más importante aún, sobre quién controla el flujo de ese dinero— es precisamente lo que te impide avanzar.

Cada año que pasa, sin este conocimiento, estás regalando una fortuna. No lo ves en un solo golpe, pero está en los intereses que pagas, en los impuestos que cedes sin saber si podrías evitarlos, en las oportunidades que dejas pasar por no tener acceso a capital cuando más lo necesitas. Y todo eso ocurre mientras tú haces lo que "se supone" que debes hacer: ser responsable, trabajar, pagar, repetir.

Pero aquí va una verdad incómoda: el sistema no está hecho para que prosperes. Está hecho para que participes. Para que seas un engranaje más que alimenta las ganancias de otros. Y si tú no tomas el control de tu educación financiera, alguien más lo hará por ti... y no será para tu beneficio.

Por eso, el primer paso no es abrir una cuenta, ni contratar una póliza. El primer paso es despertar. Abrir los ojos. Dudar.

Preguntar: ¿y si hay otra forma de hacerlo? La respuesta es sí, y este libro es tu mapa para descubrirla. Porque lo que no sabes, sí te está costando una fortuna. Pero una vez lo sepas, nadie podrá volver a quitártelo.

¿Por qué trabajas tanto y aún no sientes seguridad financiera?

Es una pregunta que arde en el pecho. Que pesa en las noches en las que, a pesar del esfuerzo, te preguntas si todo esto realmente está funcionando. Trabajas de sol a sol. Sacrificas tiempo, energía y hasta salud. Y sin embargo, vives con la sensación de que algo no está bien. Que todo lo que entra, sale. Que no importa cuánto produzcas, el dinero nunca parece alcanzarte.

La mayoría de las personas viven así. No porque no trabajen. No porque no sean inteligentes. Sino porque están operando dentro de un sistema que está diseñado para mantenerlos ocupados, pero no libres. Te pagan lo justo para que no renuncies, pero no lo suficiente para que te independices. Te dan herramientas, pero no poder.

La seguridad financiera no viene de cuánto dinero ganas, sino de cuánto control tienes sobre él. Y aquí está la clave: si cada decisión financiera que tomas depende de pedir permiso —al banco, al gobierno, a un tercero— entonces no eres libre. Y si no eres libre, no estás seguro.

Este libro no busca darte un camino fácil. Busca darte el camino verdadero. Porque la verdadera seguridad no viene de acumular riqueza, sino de saber cómo funciona, cómo protegerla y cómo multiplicarla sin depender de nadie más.

Y si lo que te falta es ese control, no estás solo. Lo hemos sentido todos. Lo sentí yo. Triste, frustrada... pero con una convicción dentro de mí que gritaba: "fuiste hecha para más". Y si tú también lo sientes, este puede ser el comienzo.

El ciclo del ingreso: trabajas, pagas, y no queda nada

Es el ciclo silencioso que consume vidas enteras. Te despiertas, trabajas, generas ingreso. Con ese ingreso pagas tus cuentas, tus impuestos, tus deudas. Luego, si tienes suerte, te queda algo para ahorrar. Pero ese ahorro ni siquiera crece. Está quieto, perdiendo valor cada día frente a la inflación. ¿Y lo peor? Piensas que así es como debe ser.

Este ciclo está tan normalizado que nadie lo cuestiona. Pero si lo miras fríamente, te das cuenta de que tú haces todo el esfuerzo y otros reciben la recompensa. Tus pagos se convierten en ingresos para bancos, para gobiernos, para compañías de tarjetas de crédito. Tú pones el sudor, ellos se quedan con los frutos.

Es hora de romper ese ciclo. No con magia. No con trucos. Sino con estrategia. Porque el problema no es que el dinero se vaya: es que se va y no regresa. No fluye hacia ti. Y tú puedes cambiar eso. Puedes aprender a redirigir ese flujo. A crear un sistema donde lo que antes se iba para siempre, ahora regrese. Y no solo una vez, sino muchas.

Cambiar el ciclo es posible. Y comienza con dejar de hacer lo mismo de siempre esperando resultados diferentes. Este libro te mostrará cómo reconfigurar ese flujo. Cómo diseñar un nuevo ciclo, uno que gire a tu favor. Porque seguir igual no es opción. No si quieres construir algo que dure.

Cómo los bancos ganan más con tu dinero que tú

Cada vez que depositas tu dinero en el banco, crees que lo estás guardando. Pero en realidad, lo estás entregando. Desde el momento en que el dinero entra en esa cuenta, deja de ser tuyo. Legalmente, pasa a ser propiedad del banco, y tú solo tienes un "derecho" a usarlo... bajo sus condiciones.

Mientras tú trabajas por cada dólar, ellos lo multiplican. Usan tu dinero para prestar a otros con intereses altísimos, especulan, invierten y generan ganancias sin correr los riesgos que tú enfrentas todos los días. Y a ti, a lo mucho, te dan unos centavos en intereses al final del mes.

Pero eso no es todo. Cuando tú necesitas dinero, tienes que pedirles permiso. Te evalúan, te cobran intereses, te hacen sentir que te están haciendo un favor. Y muchas veces, estás pagando por usar dinero que originalmente era tuyo. ¿Dónde está la lógica en eso?

Los bancos entendieron algo que tú también puedes entender: el dinero no se guarda, se **mueve**. Y el que lo sabe mover a su favor, gana. Por eso, este libro no te hablará de ahorrar como te lo enseñaron. Te hablará de **crear un sistema donde tú seas el "banco"**. Donde tú tomes las decisiones, pongas las reglas y recibas los beneficios.

Porque si los bancos pueden ganar tanto con tu dinero... ¿por qué tú no?

¿Quién controla tu dinero? (Spoiler: no eres tú).

Esta puede ser una de las verdades más incómodas... pero también una de las más liberadoras: si usas el sistema financiero tradicional, tú no estás en control de tu dinero. Desde el momento en que te depositan tu ingreso hasta que lo gastas, el dinero ya ha pasado por una serie de instituciones que toman decisiones por ti. ¿El banco? Decide si puedes usar tu propio dinero, en qué momento, con qué límites y con qué cargos. ¿El gobierno? Decide cuánto se queda antes de que tú lo veas reflejado. ¿Y tú? Solo observas.

La mayoría de las personas creen que tener dinero en el banco es sinónimo de seguridad. Pero eso es solo una ilusión. El banco puede congelar tus cuentas, limitar tus retiros o cobrarte por acceder a tu propio capital. No solo eso: legalmente, cuando depositas tu dinero, el banco se convierte en el dueño de ese dinero, y tú pasas a ser un acreedor. Es decir, tú trabajas, tú sudas, tú ganas... y otro decide cómo, cuándo y para qué se usa ese dinero.

Peor aún, cuando necesitas financiamiento para algo importante—un auto, una casa, una inversión—tienes que "pedir permiso" y casi rogar por ese préstamo. A ese mismo banco que ha usado tu dinero para enriquecerse. Y si decides no usar crédito y pagarlo tú, probablemente estás dejando escapar una oportunidad de hacerlo de forma más inteligente... porque no se trata solo de tener el dinero, sino de cómo lo usas estratégicamente.

Recuperar el control comienza con entender este juego. Nadie va a cuidar mejor tu dinero que tú. Entonces, ¿por qué lo dejamos en manos ajenas? Porque hemos caído en la trampa de creer que es difícil y entregamos esa responsabilidad a alguien más, pero para ese alguien tú no eres la prioridad. El verdadero control financiero no se trata de tener más dinero, sino de tener poder sobre cómo se mueve, para quién trabaja y quién lo aprovecha. Ese poder es lo que te brinda el proceso del Concepto Bancario Infinito®.

Imagina esto: un sistema donde tú eres el banquero. Donde cada dólar entra a tu economía y trabaja para ti. Donde no necesitas pedir autorización ni justificar tus decisiones. Eso no es una fantasía; es una posibilidad real... si estás dispuesto a desaprender y comenzar a construir tu propio sistema financiero personal, no se trata solo de números, sino de tu paz mental, tu seguridad y tu futuro.

Interés compuesto... ¿a tu favor o en tu contra?

El interés compuesto es una de las fuerzas más poderosas del universo financiero. Albert Einstein lo llamó "la octava maravilla del mundo", y no exageraba. Pero hay un detalle que casi nadie menciona: esta maravilla puede trabajar para ti... o contra ti. Todo depende del rol que juegues en el sistema.

Cuando tienes deudas, el interés compuesto actúa como una bola de nieve que crece en tu contra. Cada mes, los intereses se acumulan sobre el capital, pero también sobre los intereses anteriores. Es decir, pagas intereses... sobre intereses. Si usas tarjetas de crédito, préstamos personales, o tienes una hipoteca tradicional, probablemente ya lo has vivido. Parece que pagas y pagas, y la deuda apenas baja. Ese es el interés compuesto destruyendo tu riqueza silenciosamente.

Ahora bien, imagina ese mismo interés compuesto... pero trabajando para ti. Cada dólar que guardas y haces crecer de forma estratégica genera más valor con el tiempo. No solo por lo que acumulas, sino por lo que ese capital puede generar en forma de oportunidades, apalancamiento y crecimiento sostenido. El secreto está en crear un sistema donde el dinero no se detenga, sino que esté en constante movimiento... **a tu favor.**

El Concepto Bancario Infinito® te permite hacer precisamente eso. Al usar pólizas de vida permanente especialmente diseñadas, puedes acumular valor garantizado y generar crecimiento diario, sin pausas, sin pérdidas, sin especulaciones. La diferencia está en la estructura. No es magia, es estrategia.

Todo ese capital disponible puede ser usado, reinvertido y recapturado, generando un ciclo de crecimiento constante, sin tener que salir a pedir ni pagar intereses ajenos.

Así que la pregunta no es si el interés compuesto funciona. Es **para quién** está funcionando hoy. ¿Está trabajando para ti... o para los bancos? Porque te aseguro una cosa: si no estás aprovechando su poder a tu favor, alguien más lo está haciendo con tu dinero.

El problema de ver el dinero solo como ingreso

Imagina a una mujer llamada Clara. Dueña de un negocio de repostería que arrancó desde su cocina, con amor, esfuerzo y fe. Cada mes, Clara vende, cobra, paga, y lo que sobra —si es que sobra— lo guarda "para lo que se ofrezca". Clara vive esperando el próximo ingreso. Si vende, está tranquila. Si no, se frustra. Aunque trabaja como nadie, nunca siente que avanza. Y no lo entiende: ¿cómo es posible que trabaje tanto y no vea resultados?

El problema está en cómo ve el dinero. Para Clara —como para millones— el dinero es ingreso. Punto. No lo ve como herramienta, no lo ve como flujo, no lo ve como vehículo. Solo lo ve como "lo que entra". Pero si solo ves el dinero como ingreso, lo verás escapar como agua entre los dedos. Porque el ingreso es solo una parte del sistema, NO es el sistema. Y si no hay sistema, no hay acumulación. No hay multiplicación. No hay crecimiento.

Esta visión limitada viene de una educación financiera nula. Nos enseñaron a ganar dinero, pero no a retenerlo. A gastar, pero no a construir. A pedir crédito, pero no a generar capital. Por eso, el 80% de las personas vive al borde del colapso económico... incluso ganando bien.

Cuando comienzas a ver el dinero como un flujo que puedes dirigir, retener, usar y recapturar, todo cambia. Cuando entiendes que el dinero puede fluir dentro de un sistema que tú controlas —como una póliza diseñada para ello—, ya no dependes solo del ingreso. Ahora puedes crear un ciclo virtuoso donde el dinero entra, pero también se queda y trabaja para ti. Así es como piensa el banquero. Y así es como puedes comenzar a pensar tú.

Clara cambió su historia. Implementó su propio sistema financiero con el Concepto Bancario Infinito®. Ahora no solo depende de las ventas del mes. Tiene capital, liquidez y visión.

Ver el dinero más allá del ingreso es una de las claves más importantes para alcanzar libertad. Te ayuda a pasar de sobrevivir a construir. De vivir al día, a pensar a largo plazo. Y eso cambia todo.

¿Cuánto pierdes en intereses durante tu vida?

Haz una pausa. Respira. Ahora, responde esta pregunta con honestidad: ¿alguna vez has sacado la cuenta de cuánto has pagado en intereses en tu vida? Hipoteca, auto, tarjetas, préstamos personales, créditos para el negocio... ¿te atreves a calcularlo?

La mayoría no lo hace. ¿Por qué? Porque da miedo. Porque duele. Porque parece inevitable. Pero la verdad es brutal: durante su vida, una persona promedio pierde **más de un tercio** de sus ingresos en intereses. Es decir, de cada $100 que ganas, $30 van directo a enriquecer a los bancos. Ellos no trabajan por ese dinero. Tú sí. Pero ellos lo disfrutan más que tú.

Y lo más trágico es que estos intereses no son reciclados dentro de tu economía familiar. Se van. Se pierden. No regresan. Alimentan el sistema de otro. Este dinero no solo representa una salida, también es una oportunidad perdida. Porque esos pagos podrían haberse usado para crecer un negocio, crear una reserva familiar o financiar futuras compras dentro de tu propio sistema económico.

Pero... ¿y si pudieras recapturar esos intereses? ¿Y si cada vez que compras algo a crédito, en lugar de pagarle al banco, te lo pagaras a ti mismo? ¿Y si pudieras recuperar lo que ahora pierdes cada mes? Esa es la magia del IBC: no se trata solo de ahorrar o invertir. Se trata de **recuperar**. De dejar de perder.

Cuando entiendes el poder de recapturar intereses, ya no puedes volver a ver las cosas igual. Ya no se trata solo de gastar menos o ahorrar más, sino de cambiar completamente el flujo del dinero. Porque cada pago se convierte en una semilla que puedes volver a cosechar. Y cuando eso pasa... ya no vives con incertidumbre. Vives con estrategia. Y con poder.

¿Por qué pagamos dos veces por cada cosa que compramos?

¿Alguna vez te has puesto a pensar que muchas veces, cuando compras algo, lo estás pagando dos veces? Y no, no es una exageración.

Primero, lo pagas con el precio que aparece en la etiqueta. Pero luego, lo pagas otra vez… en forma de intereses, oportunidades perdidas y capital que nunca regresa. Por ejemplo, si compras un auto con un préstamo, durante años pagarás cuotas que incluyen intereses. El auto pierde valor, pero el banco gana. Y tú… bueno, tú lo conduces, pero terminas pagando mucho más de lo que realmente vale.

Ahora imagina que decides pagar ese mismo auto en efectivo. "¡Perfecto!", pensarás. Pero en realidad, ese dinero también se fue para siempre. El costo no está solo en el precio del carro, sino en todo el potencial que ese dinero tenía para crecer… si lo hubieras canalizado a través de un sistema propio que te devolviera beneficios.

La clave está en esto: no se trata solo de cómo pagas, sino de **desde dónde** lo haces. Si el dinero fluye desde tu propio sistema financiero, con control, crecimiento y liquidez, entonces cada compra puede ser una oportunidad, no una pérdida.

Así que la próxima vez que vayas a comprar algo grande, hazte esta pregunta: "¿Estoy pagando una sola vez... o más de una sin darme cuenta?"

La mentira de que el banco "guarda" tu dinero

Nos enseñaron que el banco es un lugar seguro donde *guardar* nuestro dinero. Suena bien, ¿no? Como una caja fuerte que cuida lo que con tanto esfuerzo ganamos. Pero... ¿qué pasa si te digo que esa imagen es una ilusión?

La verdad es que, en cuanto depositas tu dinero en una cuenta bancaria, ese dinero **ya no es tuyo**. Legalmente, le pertenece al banco. Tú pasas a ser simplemente un acreedor. Es como si prestaras tu dinero, esperando que algún día te lo devuelvan... con suerte.

Y mientras tú ves tu "saldo" en pantalla, el banco está ocupadísimo: prestando ese dinero a otros, invirtiéndolo, especulando, cobrando intereses, haciendo que tu esfuerzo trabaje... pero para ellos. Y a ti, ¿qué te toca? Un mísero porcentaje de interés que ni siquiera vence a la inflación.

Es como si les dieras las llaves de tu carro, ellos lo alquilaran y generaran miles de dólares... y a ti te dieran una propina por prestárselo. ¿Suena justo? No lo es. Pero es el trato al que accedemos sin cuestionar, porque así nos lo presentaron desde pequeños.

Entonces, si el banco no está "guardando" tu dinero... ¿no crees que ya es hora de construir un sistema donde ese dinero sí esté protegido, crezca y trabaje para ti? La buena noticia es que ese sistema existe. Y lo estás empezando a descubrir.

El costo oculto de pagar en efectivo

Pagar en efectivo se siente liberador. Nada de deudas, nada de intereses, control total. ¿Verdad? Pero hay un pequeño detalle que casi nadie te dice: **también hay un costo en pagar en efectivo**. Y no se ve, pero se siente… con el tiempo.

Cada vez que pagas algo en efectivo —un coche, una renovación, una inversión personal— ese dinero se va para siempre. Pierdes no solo lo que pagaste, sino **todo lo que ese dinero pudo haber generado si lo hubieras puesto a trabajar primero para ti**. Es decir, el efectivo no tiene "efectos" si no está bien dirigido.

¿Te suena el interés compuesto? Pues cuando pagas en efectivo, renuncias a él. No hay crecimiento, no hay retorno. Es como plantar una semilla… y luego comértela en lugar de dejarla convertirse en árbol.

Pero aquí es donde se pone interesante: si en lugar de pagar directamente, primero canalizas tu dinero a través de un sistema como el que aprenderás en este libro, puedes pedir prestado contra ese valor. ¿La diferencia? Que **tu dinero sigue creciendo** como si nunca lo hubieras tocado.

El efectivo no es malo. Pero usado de forma inteligente, puede convertirse en una palanca para tu libertad… no en una barrera.

El sistema te entrena a depender

Desde pequeños, se nos educa en el uso del dinero... pero no en su control. Aprendemos a trabajar por un sueldo, a endeudarnos para lo que necesitamos y a ahorrar "por si acaso", confiando en que los bancos, el gobierno o los expertos sabrán qué hacer con nuestro dinero.

Ese entrenamiento no es inocente. Está diseñado para que dependas del sistema, no para que lo cuestiones. Nos volvemos excelentes consumidores, buenos pagadores... pero **muy pobres estrategas financieros**. Y así, generación tras generación, se repite el mismo patrón.

Dependemos del banco para guardar. Del banco para prestar. Del banco para "aprobarnos" si queremos crecer. Pero, ¿qué pasa si el banco te dice que no? ¿Qué pasa si suben los intereses, si cambian las reglas, si cierran las puertas?

Aquí está la verdad: **no deberías depender de nadie más para tu tranquilidad financiera**. Tener tu propio sistema financiero es una forma de madurez, de autoconfianza, de soberanía. No se trata de ir "contra" el sistema, sino de construir algo **paralelo**, tuyo, sólido, confiable.

Y lo más poderoso: cuando dejas de depender, recuperas algo más valioso que el dinero... recuperas tu poder.

Entender el problema es el primer paso hacia la libertad

A veces, la razón por la que no avanzamos no es falta de esfuerzo, sino falta de dirección. Podemos pasar años trabajando, pagando, ahorrando... sin cuestionar **por qué no estamos logrando avanzar de verdad**. ¿Y sabes por qué? Porque no entendemos el problema.

El sistema financiero ha sido diseñado para parecer complejo, técnico, fuera de nuestro alcance. Pero cuando te detienes a observar con atención, descubres que el problema no es complicado... **es intencional**. Y al identificarlo, todo empieza a cobrar sentido.

El primer paso hacia la libertad financiera no es ganar más dinero ni tener un presupuesto perfecto. Es **ver con claridad** cómo funciona el juego. Es darte cuenta de que **tú no eres el error**, sino que estás jugando con reglas que no fueron pensadas para que tú ganes.

Cuando comprendes que el flujo del dinero está controlado por otros, que tus pagos son los ingresos pasivos de alguien más, y que tú puedes construir un sistema donde eso funcione a tu favor... algo dentro de ti cambia. Te despiertas. Te empoderas.

Porque, como decía Nelson Nash, "si no entiendes el problema, la solución no importa". Pero una vez que lo entiendes... **ya nada puede detenerte**.

Capítulo 2: ¿Y si existiera otra forma? Lo que nadie te enseñó sobre el dinero

El "banco familiar": una idea olvidada por generaciones

En generaciones pasadas, muchas familias entendían el valor de guardar dinero "en casa", no literalmente bajo el colchón, sino en sistemas familiares de ahorro, ayuda mutua y responsabilidad intergeneracional. En comunidades rurales o incluso en culturas como la japonesa con su concepto de *moai*, era común que un grupo de personas creara un fondo común que servía para respaldar emergencias, apoyar emprendimientos o facilitar préstamos internos. Eso, en esencia, era un banco familiar.

Hoy, ese concepto se ha perdido entre el ruido de las tarjetas de crédito, los préstamos rápidos y la promesa de los bancos de "cuidar" nuestro dinero. Pero ¿y si te dijera que puedes rescatar esa idea y adaptarla al siglo XXI? La diferencia es que ahora no solo puedes hacerlo con tu familia biológica, sino también con tu familia financiera: tus negocios, tus objetivos de largo plazo, tus valores. El banco familiar no es un lugar, es un sistema. Uno donde tú decides cuánto entra, cuándo se usa, para qué y cómo se devuelve.

Esta no es una idea romántica o utópica. Es una estrategia práctica basada en principios financieros sólidos: control, liquidez, utilidad y crecimiento. En lugar de enriquecer instituciones externas, podrías hacer que los pagos que ya estás haciendo trabajen para ti, fortaleciendo tu sistema financiero familiar. Así, poco a poco, vas dejando de depender del sistema tradicional y recuperando el poder de decidir.

Imagínate que cada vez que financias una compra importante, en vez de hacerlo con una tarjeta o un banco externo, lo hicieras desde tu propio sistema. Imagina que los pagos que haces cada mes regresan a ti, con intereses, para seguir creciendo. Ese es el poder del sistema bancario familiar. No se trata solo de dinero, sino de construir un legado, una red de apoyo y una fuente continua de oportunidad.

Este libro te mostrará cómo comenzar a crear ese sistema bancario familiar, sin importar tu nivel actual de ingresos. Porque el secreto no es cuánto ganas, sino cómo usas y organizas lo que ya tienes.

Las 4 funciones del dinero que deberías controlar

Muchas veces hablamos del dinero como si fuera una simple herramienta para gastar o ahorrar, pero el dinero tiene funciones claras que, si entiendes y aprendes a controlar, te pueden dar una ventaja inmensa. Estas funciones son: ganar, guardar, crecer y proteger. Cada una representa una etapa de tu relación con el dinero, y todas son necesarias si quieres dejar de sobrevivir para empezar a prosperar.

Ganar dinero es lo más obvio. Es lo que haces cada día cuando trabajas, vendes, prestas un servicio o generas ingresos pasivos.

Pero ganar no es suficiente. Si el dinero que entra se va de inmediato, poco importa cuánto ganes.

Guardar significa que parte de ese ingreso se queda contigo. No solo ahorrado, sino reservado estratégicamente en un lugar que tenga propósito. Muchas personas creen que ahorrar en una cuenta de banco es suficiente. Pero si ese dinero no está protegido ni tiene crecimiento real, está perdiendo valor con el tiempo.

Crecer implica poner tu dinero a trabajar. El problema es que la mayoría de las opciones que se nos ofrecen para crecer el dinero involucran riesgo, falta de acceso o dependencia de terceros. Aquí es donde el uso de herramientas como una póliza especialmente diseñada cobra fuerza. No solo crece el dinero, sino que crece de manera segura, predecible y líquida.

Proteger es lo que garantiza que el esfuerzo que haces hoy no se pierda mañana. Muchos olvidan que, sin protección, el crecimiento no tiene sentido. Protección contra impuestos, contra inflación, contra demandas, contra decisiones equivocadas. Un sistema financiero sano es un sistema protegido.

El IBC, o Concepto Bancario Infinito®, te permite integrar estas cuatro funciones en un solo lugar. Ya no están separadas ni en conflicto. Al contrario, trabajan juntas a tu favor. Y eso cambia todo el juego.

¿Por qué los ricos compran seguros de vida que no parecen seguros?

Cuando escuchas la frase "seguro de vida", probablemente piensas en un beneficio por fallecimiento. Algo que solo sirve cuando ya no estás. Pero lo que muchas personas no saben es que hay un tipo de seguro de vida que los ricos han usado por generaciones... y no precisamente por lo que tú crees.

Este tipo de seguro se llama "póliza de vida permanente con pago de dividendos" y, aunque sí incluye un beneficio por fallecimiento, su verdadera joya está en lo que sucede mientras estás vivo. Estas pólizas acumulan valor en efectivo que crece de manera garantizada, libre de impuestos mientras no se retire, con acceso líquido y sin depender del mercado. Y ese valor, los ricos lo usan para invertir, comprar propiedades, financiar negocios o simplemente tener tranquilidad financiera.

¿Por qué los ricos las compran? Porque entienden que el juego no se trata de cuánto ganas, sino de cuánto controlas. Saben que tener una fuente de capital segura, predecible y accesible es mucho más valioso que depender de bancos, bolsas o políticos. Y lo más irónico es que, mientras a ti te ofrecen seguros baratos que no acumulan valor, a ellos les enseñan cómo usar estos seguros para construir riqueza.

No es una casualidad. Es estrategia. No se trata de "tener seguro" solo por tener seguro, se trata de tener una herramienta financiera poderosa en tus manos. Una que te permite hacer lo que el banco hace: recibir dinero, prestarlo, cobrar intereses... y repetir el ciclo. Pero esta vez, el sistema bancario es tuyo.

Lo fascinante es que no necesitas ser millonario para empezar. Solo necesitas pensar como ellos. Porque los ricos no compran estos seguros porque son ricos. Se vuelven más ricos porque los compran.

Y cuando hablamos de "ricos", no nos referimos únicamente a personas con grandes fortunas. Nos referimos a personas que son ricas en sabiduría financiera. Porque la verdadera riqueza no comienza con una cuenta bancaria abultada, sino con conocimiento. **Saber es poder.** Y quienes entienden cómo funciona el dinero, cómo protegerlo y cómo hacerlo crecer, ya han dado el paso más importante hacia una vida rica en opciones, seguridad y libertad.

El dinero fluye hacia donde es mejor tratado

Una de las reglas invisibles del dinero es esta: siempre se mueve hacia donde es mejor tratado. No importa cuánto ganes, si el lugar donde lo "guardas" lo desgasta, lo limita o lo encierra, el dinero se va. Así como una planta no florece en tierra estéril, tu capital tampoco crecerá en condiciones que lo drenan.

¿Dónde se trata mejor tu dinero? ¿En una cuenta bancaria con 0.01% de interés y acceso limitado? ¿En un fondo de inversión que sube y baja como montaña rusa? ¿O en un sistema que te da control, crecimiento garantizado, acceso sin pedir permiso, protección legal y beneficios fiscales? El dinero tiene lógica. Y si tú le das un lugar donde se le valore, él se queda contigo.

El dinero ama la estrategia. Le gusta estar en lugares donde tiene potencial, libertad y protección. Por eso, al implementar un sistema como el IBC, tu capital empieza a crecer en un entorno que lo valora: crecimiento diario, sin riesgo de mercado, con beneficios fiscales, y siempre disponible para ti.

Los bancos tratan muy bien al dinero... Por eso compran miles de millones en pólizas de vida permanentes. Por eso diversifican en instrumentos que garantizan retorno y control. Ellos aplican esta regla a la perfección: protegen el capital, maximizan el interés, lo reutilizan constantemente. No dejan que el dinero "descanse". Lo hacen trabajar.

Cuando tú empiezas a pensar así, todo cambia. Dejas de ver el dinero como un fin, y lo ves como un aliado. Comienzas a dirigirlo, no solo a ganarlo. Y como todo buen aliado, si lo cuidas, te cuida. Si lo haces crecer, creces tú también. Si lo respetas y lo usas con sabiduría, se multiplica.

Este capítulo te mostrará cómo comenzar a atraer y retener tu dinero con estrategia. Porque cuando el dinero se siente bien contigo... se queda.

Entender el poder del "dueño del sistema bancario"

Hay una gran diferencia entre ser cliente de un banco... y ser dueño de uno. El cliente llega con la mano extendida, pidiendo permiso. El dueño da las órdenes. ¿Y sabes qué es lo más curioso? Que puedes ocupar ese rol en tu propia vida financiera. La mayoría de las personas se conforman con ser el cliente. Aprenden a ahorrar, a pagar sus tarjetas a tiempo, incluso a invertir un poco… pero nunca se detienen a pensar quién toma las decisiones importantes sobre su dinero.

El verdadero poder está en controlar las condiciones: cuándo usar el dinero, cómo prestarlo, qué tasa de intereses pagar, y a quién va a beneficiar ese flujo de efectivo. El banco tradicional hace todo eso contigo, cada vez que pides un crédito, cada vez que usas tu tarjeta, cada vez que te cobran intereses. Pero hay otra forma: puedes convertirte en el dueño de tu propio sistema bancario familiar. Eso es exactamente lo que permite el Concepto Bancario Infinito®.

Cuando eres el dueño, decides tú. Tomas préstamos con tus propias reglas. Pagas cuando y como tú quieres, ganas intereses. Y sobre todo, mantienes el control del dinero en tu círculo familiar, no en las manos de instituciones que no comparten tus valores ni tus prioridades.

Este cambio de perspectiva transforma completamente tu relación con el dinero. Ya no lo ves como algo que escasea, sino como un flujo que puedes dirigir y aprovechar.

El costo de ignorar las decisiones financieras

Hay decisiones que tomamos sin darnos cuenta de que son decisiones: dejar el dinero bajo el colchón o en una cuenta de ahorros al 0.01% de interés, financiar compras con tarjeta de crédito sin saber el costo real, no revisar en qué se va el dinero mes a mes. Ignorar nuestras decisiones financieras no nos libera de sus consecuencias... solo las posterga. Y muchas veces, cuando esas consecuencias llegan, es demasiado tarde.

La ignorancia financiera no es una culpa, es una condición. Pero lo más importante es que se puede cambiar. Nadie nace sabiendo cómo funciona el dinero, pero todos podemos aprender. Y cuando decides no mirar, no preguntar, no entender... estás aceptando que otros lo hagan por ti. El problema es que esos "otros" —bancos, gobierno, instituciones— no tienen tus intereses como prioridad.

Cada decisión que pospones tiene un costo oculto. A veces es un costo pequeño: pagar de más en una compra. A veces es inmenso: perder décadas de crecimiento financiero por no haber entendido cómo aprovechar el interés compuesto a tu favor. Por eso, tomar control de tus decisiones es más urgente de lo que parece. No por miedo, sino por responsabilidad contigo mismo y con tu familia.

Con el IBC, cada decisión sobre tu dinero empieza a jugar a tu favor. Ya no es algo que dejas al azar o en piloto automático. Es una estrategia consciente, diseñada con intención. Y no tienes que ser perfecto. Solo tienes que estar dispuesto a abrir los ojos y actuar. Porque el mayor costo de todos... es seguir igual.

Pensar más allá de esta semana: visión a largo plazo

Una de las razones por las que tantos planes financieros fracasan es porque están diseñados para apagar fuegos, no para construir futuro. Vivimos en modo de urgencia: pagar esto, cubrir aquello, resolver lo inmediato. Pero si solo estás resolviendo el hoy, ¿cuándo vas a prepararte para el mañana?

Pensar a largo plazo no es un lujo, es una necesidad. Los bancos piensan a largo plazo. Las aseguradoras piensan a largo plazo. Las grandes familias con sistemas financieros propios piensan en generaciones. ¿Y tú? ¿Hasta dónde estás pensando? Si solo puedes mirar hasta el próximo pago, no es por falta de visión, es porque nadie te enseñó otra forma.

El IBC cambia esa mentalidad. Te enseña a tomar decisiones hoy que beneficien a tu yo del futuro. A construir algo que no solo te sirva a ti, sino a tus hijos, tus nietos, tu legado. Porque, como decía Nelson Nash, hay que pensar tres generaciones más allá. Y cuando lo haces, tus prioridades cambian. Ya no te dejas llevar por las prisas o las modas financieras. Tienes una brújula.

La paz mental que viene con una visión clara a largo plazo no tiene precio. Dormir tranquilo sabiendo que estás sembrando algo duradero es una de las formas más profundas de libertad. Y lo mejor es que nunca es tarde para empezar.

El efecto de mantener tu dinero en movimiento

¿Sabías que el dinero, al igual que el agua, si no fluye se estanca? La mayoría de las personas creen que lo mejor que pueden hacer con su dinero es "guardarlo". Pero el dinero guardado no crece. No produce. No genera impacto. Solo pierde valor con el tiempo. El verdadero poder del dinero está en su movimiento... si tú lo controlas.

Cuando tu dinero está en movimiento, genera valor. Puede estar ayudándote a pagar deudas, a aprovechar una oportunidad, a financiar una inversión, a resolver una necesidad sin pedir prestado. Pero no hablamos de gastarlo sin control, sino de usarlo con inteligencia. Como un recurso que, al moverse, se multiplica.

El IBC es precisamente una estrategia basada en ese principio: mantener el dinero circulando **dentro** de tu sistema, no fuera de él. En lugar de entregarlo a los bancos y perder su poder, lo haces trabajar para ti una y otra vez. Es como si tu dinero tuviera múltiples trabajos o vidas, cada una con un propósito.

Una póliza bien estructurada te permite hacer eso: usar tu dinero, seguir generando crecimiento, y mantener el control total. No tienes que elegir entre tenerlo o moverlo. Puedes hacer ambas cosas. Y ahí es donde se transforma la manera en que ves tus finanzas: de algo que se "gasta y se va", a algo que "se usa y regresa".

No necesitas ser millonario para empezar

Una de las creencias más comunes —y más equivocadas— sobre estrategias financieras inteligentes es que están reservadas solo para personas con mucho dinero. "Cuando tenga más, entonces sí podré hacer esto". Pero esa mentalidad te aleja de la solución. Porque precisamente **es al revés**: cuando haces esto, es cuando empiezas a tener más.

El IBC no es un juego exclusivo de millonarios. Es una herramienta que cualquier persona, con ingresos estables y el deseo de construir algo diferente, puede comenzar. Y no se trata de montos astronómicos. Se trata de constancia, visión, y el compromiso de dejar de hacer lo mismo esperando resultados distintos.

Además, comenzar desde donde estás tiene una ventaja enorme: desarrollas disciplina financiera desde el inicio. Aprendes el proceso, te educas, y vas ajustando tu sistema a medida que creces. El hábito que formas hoy con pequeñas cantidades será la base de un sistema sólido mañana, cuando tus recursos se hayan multiplicado.

El sistema funciona con cualquier cantidad con la que decidas empezar. De hecho, mientras antes comiences, menos necesitas para construir algo poderoso con el tiempo. ¿Sabes qué sí se requiere? Compromiso, visión y disciplina. Si tienes eso, ya estás más cerca que muchos.

Y lo más importante: **la eficiencia del sistema no depende únicamente del monto**, sino del **tiempo**. Así como en el interés compuesto, donde el crecimiento exponencial se da gracias al paso del tiempo, con una póliza de vida permanente bien estructurada sucede lo mismo. El sistema está diseñado para recompensar la permanencia. No puedes sustituir diez años de consistencia con una gran aportación de último minuto. **El tiempo es un ingrediente que no se puede comprar.**

Así que no te preocupes por empezar "pequeño". En realidad, estás empezando a lo grande. Porque lo que importa no es el punto de partida, sino que hayas comenzado. Y cada día cuenta. Porque cada día que pasa, es capital en sí mismo que podría estar creciendo para ti y para tu familia. No menosprecies el recurso del tiempo, es el único recurso que no es renovable. Pasa y no vuelve. No lo desperdicies más y toma acción.

"Lo que creemos saber" es el verdadero obstáculo

La mayoría de las veces, lo que más nos detiene no es lo que no sabemos… sino lo que **creemos saber, pero está equivocado**. Nos han enseñado que el banco es seguro, que el crédito es necesario, que trabajar duro es suficiente, que invertir es para expertos, que el seguro de vida solo sirve si te mueres. Y lo creemos… sin cuestionarlo.

Pero ¿qué pasa cuando todo eso no da resultado? Sentimos que el problema somos nosotros. Que algo estamos haciendo mal. Pero el problema no eres tú. Es la información que te han dado. Es el mapa que te pasaron... uno que no te lleva a donde tú quieres llegar.

Solo cuando te atreves a cuestionar lo aprendido, a hacer espacio para nuevas ideas, comienza la verdadera transformación. Porque **nada cambia afuera si no cambia primero adentro**. Tu realidad financiera actual es un reflejo directo de tus creencias. Y si cambias tus creencias, tu economía también cambia.

La buena noticia es que todo puede ser reaprendido. No importa tu edad, tu historia o tus errores del pasado. Si estás leyendo esto, ya estás abriendo la puerta al cambio. Y eso es poder. El verdadero poder.

Cambiar tu forma de pensar cambia tu economía

Muchos quieren cambiar sus finanzas sin cambiar su forma de pensar. Pero eso es como querer sembrar tomates y cosechar sandías. No funciona así. Si quieres resultados nuevos, necesitas pensamientos nuevos. Y esos pensamientos no aparecen solos: hay que buscarlos, cultivarlos, alimentarlos todos los días.

Cuando empiezas a pensar como dueño, en lugar de como víctima del sistema, tu actitud cambia. Ya no buscas excusas, buscas estrategias. Ya no sobrevives el mes, lo estructuras. Ya no te preguntas "¿qué hago si pierdo mi dinero?", sino "¿cómo lo pongo a trabajar sin perder el control?"

La economía no solo se mide en números, sino en visión, en decisiones, en mentalidad. Hay personas que con menos ingresos logran más que quienes ganan el triple. ¿Por qué? Porque **lo hacen con propósito y estrategia**. Porque piensan diferente. Y pensar diferente es el primer paso para vivir diferente.

La alternativa existe… y está al alcance de cualquiera que la entienda

Sí, hay otra forma. Una forma más justa, más humana, más lógica. Una manera de manejar tu dinero que no te deja vulnerable, sino empoderado. No es una fantasía, ni una promesa vacía. Es un sistema probado, real, legal, y accesible. Pero hay un requisito indispensable: **tienes que entenderlo**.

Este no es un camino para los más ricos ni los más listos. Es para los que deciden aprender. Para los que deciden dejar de depender. Para los que se cansaron de solo trabajar por dinero y quieren que el dinero trabaje también por ellos.

Y lo mejor es que **no importa cuánto tengas ahora**. Puedes comenzar desde donde estás. Porque este sistema se construye con el tiempo, no solo con dinero. Así como el interés compuesto necesita años para volverse poderoso, este proceso se vuelve más eficiente mientras más tiempo lo dejes trabajar para ti.

Así que la pregunta no es "¿puedo hacerlo?" sino: **¿estoy listo para dejar de hacer lo mismo de siempre?** Porque cuando estés listo, el camino ya está aquí. Esperando por ti.

Capítulo 3: El Concepto Bancario Infinito® (IBC) Explicado

Mucho más que un seguro, es un sistema financiero personal

¿Qué es realmente IBC? (sin tecnicismos)

El Concepto Bancario Infinito® (IBC por sus siglas en inglés) es una forma de tomar control de las funciones bancarias esenciales en tu vida diaria: ahorrar, gastar, financiar, invertir y proteger tu dinero. Es un sistema que te permite dejar de depender de los bancos tradicionales y comenzar a operar como tu propio banquero. ¿Cómo? A través de una herramienta muy específica y poderosa: una póliza de seguro de vida permanente diseñada especialmente para este propósito.

Pero no se trata solo de una herramienta. IBC es una filosofía, un cambio de mentalidad. El IBC **democratiza la banca**. Todos podemos acceder a este sistema bancario personal. ¡Es un sistema que puedes hacer tuyo! Es entender que no necesitas pedir permiso para usar tu propio dinero. Es tener acceso a capital en tus propios términos, sin papeleo innecesario, sin tasas impuestas por otros, sin poner tu patrimonio en riesgo. Es integrar tus decisiones financieras en un ecosistema donde el control, la liquidez y el crecimiento trabajan para ti, no para otros.

Nelson Nash, creador de este concepto, decía que todos estamos en dos negocios: el de nuestra profesión y el de la banca. Y que el más importante de los dos es el de la banca, porque todas tus decisiones económicas pasan por ahí. Si no controlas ese sistema, estás condenado a enriquecer a otros a lo largo de toda tu vida. El IBC te da ese control.

Este proceso no es nuevo ni experimental. Se ha usado durante más de 100 años por familias adineradas, empresarios, bancos y corporaciones, pero no es un secreto, simplemente está disponible para todo aquél que dedique tiempo y esfuerzo por aprenderlo, pero lo más importante, en aplicarlo en la práctica, respetando los principios fundamentales. Lo que lo hace poderoso no es solo su eficiencia, sino el hecho de que cualquier persona que lo entienda puede implementarlo, sin importar si tiene millones o apenas empieza a construir su patrimonio. No se trata de ser rico. Se trata de actuar como alguien que entiende cómo se construye la riqueza.

Cómo cuidar y mantener tu sistema IBC para que funcione a tu favor

Principios fundamentales para que esta estrategia funcione eficientemente a largo plazo.

A. Disciplina financiera: no es gasto, es capitalización

Una de las primeras claves para que el IBC funcione es cambiar la mentalidad. Las primas que pagas a tu póliza de vida permanente no son un "gasto" como el de la luz o el internet. Son depósitos en una cuenta especial que te pertenece, que crece todos los días y que puedes usar de forma estratégica. Piénsalo como una alcancía mágica. Es para capitalización, no consumo.

Verlo de esta forma cambia todo: ahora estás "guardando dinero" en un lugar más inteligente, más protegido y con crecimiento garantizado. Y como todo ahorro estratégico, requiere constancia. Si quieres que tu sistema IBC se fortalezca con el tiempo, debes priorizar el pago de primas. No porque "te lo exijan", sino porque es tu entrada al sistema de banca privada más poderoso que puedes tener.

B. Pensamiento a largo plazo: no esperes magia en 6 meses

Uno de los errores más comunes es esperar resultados mágicos en poco tiempo. El IBC no es un esquema rápido, ni una inversión de alto rendimiento inmediato. Es una estrategia que se vuelve más poderosa con los años, como una cuenta de retiro o una propiedad bien ubicada. El poder del sistema se acumula con el tiempo.

Sí, puedes tener acceso al capital desde el primer o segundo año, pero la verdadera eficiencia se alcanza con paciencia. A partir del año 7, 10, 15… la póliza se vuelve una máquina imparable de liquidez, crecimiento y protección. Pero solo si te mantienes constante y comprometido con la visión a largo plazo.

C. Uso estratégico de los préstamos

Uno de los grandes beneficios del sistema IBC es que puedes acceder a tu dinero sin necesidad de vender activos ni pedir permisos. Pero ese acceso debe usarse con estrategia. No es para gastar en caprichos o vacaciones impulsivas. Es para invertir, crecer o mejorar tu situación financiera.

¿Quieres usar tu póliza para comprar equipo para tu negocio? Perfecto. ¿Quieres consolidar una deuda que te está costando más en intereses? También es válido. La clave es usar los préstamos como un apalancamiento que te hace más fuerte, no como una excusa para debilitar el sistema. Recuerda que el dinero sale de tu propio sistema bancario. Cuídalo y se exigente y cuidadoso con estos préstamos, recuerda que eres el banquero y debes cuidar tu sistema.

D. Reembolso consciente: el dinero vuelve al sistema

Cuando tomas un préstamo de tu póliza, no estás sacando dinero de tu "alcancía". Estás pidiendo un préstamo contra el valor de tu póliza, usando el dinero de la aseguradora (tu socio). Y aunque tú decides el plazo y ritmo de pago, es fundamental que el dinero regrese al sistema.

¿Por qué? Porque al devolverlo, fortaleces tu propio sistema. Estás devolviendo el capital que luego podrás volver a usar una y otra vez. Si nunca lo devuelves, el sistema se debilita y pierdes parte del efecto multiplicador. Pero si lo haces con conciencia, es como una fuente renovable de capital que nunca se agota.

E. Trato al sistema con respeto

Tu póliza especialmente diseñada es más que un seguro. Es un activo financiero sofisticado. Pero para que funcione como tal, debes tratarlo con respeto. Es decir, con conocimiento, intención y cuidado. No es una tarjeta de crédito. No es una caja de ahorro común. Es tu infraestructura bancaria privada.

Así como cuidarías una propiedad de inversión, tu póliza necesita seguimiento, ajustes y buen uso. Esto no significa que sea complicado, pero sí que debe ser tratado con la seriedad que merece. Porque lo que estás construyendo no es solo un ahorro. Es un legado financiero que puede servirte a ti y a varias generaciones más.

F. No mezclar emociones con decisiones

En momentos de urgencia o frustración, puedes sentir la tentación de usar tu póliza de forma impulsiva. O incluso de cancelarla sin entender las consecuencias. Por eso, es vital separar las emociones de las decisiones financieras. El sistema IBC no está hecho para resolver emergencias emocionales, sino para construir fortaleza financiera sostenible.

Cada decisión que tomes dentro de tu sistema debe estar alineada con tu estrategia, no con tus emociones. Si necesitas asesoría, busca a tu coach financiero antes de actuar. Una decisión impulsiva puede comprometer años de trabajo bien hecho. Por supuesto, que tu tienes el control total de lo que quieras hacer con tu sistema, pero sé responsable, sé estratégico y disfrutarás de los frutos. Plantar la semilla y comérnosla antes de que se convierta en un árbol que nos da los frutos es una tontería, se requiere cuidar esa semilla por años, que crezca y nos de frutos por generaciones. En realidad, es un concepto muy fácil de entender, si así lo deseas.

G. Consultar antes de hacer cambios drásticos

La póliza IBC no es un contrato cualquiera. Tiene implicaciones fiscales, contractuales y estratégicas. Por eso, antes de cancelar, reducir o modificar una póliza, siempre es mejor consultar con alguien que entienda el sistema profundamente.

Un mal ajuste puede afectar el crecimiento de tu póliza o incluso convertirla en un contrato tributable (sujeto a impuestos). A veces, lo que parece una buena idea a corto plazo tiene consecuencias negativas a largo plazo. Un simple consejo profesional puede ahorrarte muchos dolores de cabeza. Y, esto es parte de nuestros servicios, enseñarte y estar allí para resolver juntos las dudas que puedas tener.

H. Educar a la familia

Si ves tu póliza como parte de un sistema familiar (y deberías), es fundamental que las personas clave también lo entiendan. Tu pareja, tus hijos, tus herederos... todos deberían tener un conocimiento básico de cómo funciona este activo, y cómo pueden usarlo con sabiduría en el futuro.

Esto no solo multiplica su utilidad práctica, sino que crea una cultura familiar de responsabilidad y visión financiera. Enseñarles cómo se repone el dinero, cómo se pide un préstamo, cómo se protege el sistema... es darles una herramienta que puede acompañarlos toda la vida. Se trata de compartir y propagar este conocimiento a nuestras próximas generaciones.

El rol del seguro de vida permanente en este sistema

En el corazón del IBC está una herramienta financiera muy específica: una póliza de seguro de vida permanente emitida por una compañía mutual que paga dividendos. Estas pólizas están diseñadas para durar toda la vida y, a diferencia de otros seguros como los seguros temporales, acumulan valor en efectivo que crece de forma garantizada día tras día.

Además del interés garantizado, estas compañías mutuales distribuyen dividendos a sus dueños: los titulares de las pólizas. Aunque los dividendos no están garantizados por contrato, muchas de estas compañías han pagado dividendos de forma ininterrumpida durante más de 120 años, incluso en tiempos de crisis económica. Eso habla no solo de solidez, sino de confianza a largo plazo.

El seguro no es el fin. Es el vehículo. El propósito no es simplemente tener una cobertura por fallecimiento, aunque eso es valioso. El gran poder agregado de estas pólizas está en su capacidad de servir como un "depósito" financiero seguro, líquido, privado y con ventajas fiscales únicas. Este es el lugar donde se construye tu "sistema bancario familiar".

Además, puedes acceder a tu dinero sin interrumpir el crecimiento de tu capital. Pides un préstamo contra tu valor en efectivo, y la póliza sigue creciendo como si nunca hubieras tocado ese dinero. Eso significa que puedes financiar tu vida, tus inversiones o tus compras importantes, y aun así, seguir construyendo riqueza de forma consistente.

Por qué el IBC NO es una inversión

Uno de los errores más comunes es pensar que el IBC es una "alternativa de inversión". No lo es. No estás comprando una acción, ni apostando en los mercados, ni buscando una alta rentabilidad con riesgo. Estás construyendo un sistema. Un lugar donde tu dinero vive, crece, y desde donde puedes dirigir todas tus decisiones financieras.

Una inversión, por definición, está sujeta al riesgo de pérdida. Puede subir, bajar, o incluso desaparecer. El IBC, en cambio, se basa en contratos con garantías. Las compañías mutualistas no especulan. No invierten tu dinero en activos volátiles. Trabajan con instrumentos conservadores, seguros, y de flujo predecible. Eso les permite ofrecerte crecimiento garantizado y acceso predecible al capital.

Dicho esto, el IBC es el lugar desde donde *puedes* dirigir inversiones. No compite con ellas. Las complementa. Al tener un sistema donde tu dinero crece todos los días y está disponible para ti, puedes usarlo para aprovechar oportunidades reales: comprar un negocio, invertir en bienes raíces, financiar maquinaria, saldar deudas, o lo que tú necesites. Tú decides. Tú mandas.

Entonces, el IBC no es una inversión. Es tu plataforma base. Tu punto de partida. Tu sistema operativo financiero. Es el "cuartel general" desde donde construyes todo lo demás, con control y con visión.

Tu propio sistema bancario: accesible, privado, seguro

¿Te imaginas tener acceso a tu dinero sin pedir permiso, sin papeleos, sin explicar para qué lo vas a usar? ¿Y que ese dinero no esté sujeto a impuestos, ni a los vaivenes del mercado, ni a comisiones ocultas? Eso es lo que te permite tener tu propio "banco familiar" con el IBC.

Este sistema es completamente privado. Nadie más tiene acceso ni puede interferir con tus decisiones. No necesitas justificar tus movimientos, ni estás a merced de decisiones políticas, ni regulaciones que cambian cada año. Es tu dinero, y tú decides cómo y cuándo usarlo.

Además, es seguro. No está expuesto a las caídas del mercado, ni a quiebras bancarias, ni a congelamientos de cuentas. Las compañías de seguro mutuales tienen más de un siglo operando con éxito, superando guerras, depresiones, pandemias y crisis financieras. ¿Cuántos bancos pueden decir lo mismo?

Tener tu propio sistema bancario significa también cambiar tu mentalidad. Dejar de "guardar dinero" en cuentas que no crecen y empezar a ponerlo en un sistema que trabaja activamente para ti, todos los días.

Cómo fluye el dinero dentro del sistema

El flujo de dinero dentro del IBC es sencillo, pero profundamente poderoso. En lugar de que tu dinero entre y salga de cuentas bancarias que no te dan control ni rendimiento, lo canalizas hacia tu póliza. Ese dinero comienza a crecer de inmediato. Aumenta tu valor en efectivo y te da acceso a préstamos inmediatos.

Cuando necesitas capital —ya sea para una compra importante, una inversión o una emergencia— no tienes que vender activos ni endeudarte con intereses altos. Tomas un préstamo contra tu póliza, y tu capital sigue creciendo como si nada. Luego, con tus ingresos futuros, repones ese préstamo a tu ritmo, en tus términos, y el sistema sigue funcionando como un ciclo virtuoso.

Este flujo es lo que convierte al IBC en un sistema. No es un evento único ni una estrategia de corto plazo. Es un ecosistema que se alimenta, se expande y se fortalece con el tiempo. Y mientras más lo usas, más poder financiero recuperas.

Cada día que pasa, tu póliza de vida permanente acumula más valor en efectivo. Este crecimiento está garantizado por contrato y se basa en el principio del interés compuesto: el interés se suma al capital, y luego ese total genera más interés. Y así, todos los días.

Pero lo mejor es que este crecimiento no se detiene cuando usas tu dinero. ¿Por qué? Porque los préstamos de la póliza no tocan tu capital. Usas el dinero de la aseguradora, dejando tu valor en efectivo intacto, creciendo como si nada. Esto te permite poner a trabajar el mismo dólar en dos lugares al mismo tiempo. Ese es el verdadero poder del IBC.

Con el tiempo, esta bola de nieve se vuelve imparable. Cada año el crecimiento es mayor. Cada dólar que entra al sistema trabaja para ti, sin pausas, sin retrocesos. Y lo mejor: sin estar sujeto a impuestos, volatilidad de mercado o burocracia bancaria.

Diferencia entre un seguro cualquiera y uno diseñado para IBC

No todos los seguros son iguales, y esto es muy importante que lo entiendas. El IBC **no se puede implementar con cualquier póliza de vida**. No es lo mismo una póliza tradicional que solo se activa cuando mueres, que una póliza de vida permanente, con crecimiento garantizado, diseñada especialmente para usarse **en vida** como un sistema financiero.

Una póliza diseñada para IBC tiene ciertas características esenciales: se sobrecapitaliza desde el inicio, permite acumulación rápida de valor en efectivo, te da acceso inmediato a préstamos y maximiza el uso del interés compuesto. También debe ser emitida por **una compañía mutual que paga**

dividendos, donde los titulares de pólizas son copropietarios de la aseguradora.

Esto no lo consigues con cualquier póliza que un agente promedio te ofrezca. Por eso, es fundamental que trabajes con alguien que entienda el diseño técnico del IBC. Lo barato y rápido, en este caso, puede salir muy caro a largo plazo.

Crecimiento garantizado, libre de mercado y riesgo

Uno de los principios más poderosos del IBC es que **el crecimiento de tu dinero no depende del mercado**. No importa si hay crisis, recesiones, inflación o volatilidad. Tu dinero crece **todos los días**, de forma garantizada, porque está respaldado por un contrato con la aseguradora, no por la bolsa de valores ni por "expectativas de rendimiento".

Además de ese crecimiento diario garantizado, también puedes recibir **dividendos anuales**. Aunque no son obligatorios, han sido pagados de forma ininterrumpida durante más de 100 años por algunas compañías mutuales. Esto hace que tu sistema crezca aún más… sin asumir el riesgo de perder.

Imagínalo así: mientras otros están preocupados por si sube o baja el mercado, tú estás durmiendo tranquilo sabiendo que **tu dinero avanza con certeza y sin retrocesos**. Ese tipo de tranquilidad financiera no tiene precio.

Control total del acceso a tu dinero: Liquidez

¿Te ha pasado que necesitas tu propio dinero y tienes que esperar aprobaciones, llenar formularios o aceptar condiciones de un banco? Con el IBC, eso se acaba. Aquí tú decides **cuándo, cuánto y para qué accedes a tu capital**. No hay justificaciones, ni comités, ni penalizaciones por "retiro anticipado".

Hablemos de la liquidez que es una de las grandes debilidades de los sistemas financieros tradicionales. Puedes tener dinero "ahorrado" o invertido, pero cuando realmente lo necesitas, te enfrentas a penalidades, trámites o incluso bloqueos. Con el IBC, eso no ocurre. Tienes acceso a tu capital prácticamente en 3 a 5 días hábiles, sin justificar en qué lo vas a usar.

Además, el dinero que usas no es un retiro, no proviene de tu "ahorro" es un **préstamo colateralizado contra el valor de tu póliza**. Tu propio valor en efectivo se usa como respaldo. Eso significa que tu capital sigue creciendo dentro del sistema, **como si nunca lo hubieras tocado**. Esta es una de las características más poderosas del IBC: el crecimiento es continuo, incluso mientras utilizas tu dinero.

Tener este nivel de control te da libertad real. Porque no solo tienes acceso… tienes acceso **en tus términos**. Esto no es solo un tema financiero; es una cuestión de dignidad, de autonomía y de paz mental.

Esta **liquidez sin fricción** es lo que hace del IBC una herramienta superior. ¿Una emergencia familiar? ¿Una oportunidad de inversión? ¿Un viaje inesperado? Puedes actuar de inmediato… sin pedir permiso a nadie. Tu póliza es tu sistema. Tú mandas.

Protección automática para tu familia

Aunque el foco del IBC está en el uso del dinero en vida, **no debemos olvidar su origen como seguro de vida**. Y esto es importante, porque significa que estás protegiendo a tu familia desde el primer día. Si algo te llegara a pasar, **ellos reciben un beneficio por fallecimiento libre de impuestos**, sin demoras ni peleas legales.

Además, si estructuraste bien tu sistema, ese beneficio no es un "regalo", sino **una devolución multiplicada** de todo lo que fuiste construyendo. Es el legado de tu esfuerzo y tu visión. Es una red de seguridad que garantiza que tus seres queridos no queden desamparados financieramente.

En lugar de solo dejar bienes o deudas, puedes dejar un **sistema financiero en marcha**. Uno que no solo protege, sino que educa, empodera y transforma a las siguientes generaciones. Y esto es heredar con conciencia.

Capítulo 4: Las 4 Etapas del Viaje Financiero* IBC
De Consumidor Dependiente a Arquitecto de Tu Sistema

Etapa 1: Ahorrador – Disciplina y Visión

Todo gran sistema comienza con una base sólida. Y en el IBC, esa base es la etapa del Ahorrador. Aquí es donde aprendes a priorizar el hábito más poderoso de las finanzas: **pagarte a ti primero**. No importa cuánto ganes, si puedes comprometerte con esta disciplina, ya comenzaste a ganar.

El Ahorrador no es alguien que "guarda por si acaso", sino alguien que entiende que **cada dólar ahorrado en el sistema es una semilla de libertad futura**. En esta etapa, te enfocas en construir tu primer póliza, comprender cómo funciona y empezar a observar cómo crece tu capital día a día.

Es la etapa donde se instala una nueva mentalidad: no eres consumidor, eres creador de capital. Y la visión es clara: cada pago de prima es una inversión en tu autonomía. Lo más valioso que desarrollas aquí no es el monto, es **la constancia**.

Etapa 2: Constructor de Capital – El Poder de Acumular

Una vez que inicias, llega el momento de expandir. Como

---

*Las 4 Etapas del Viaje Financiero IBC fueron tomadas de un webinar de Ascendant Financial impartido por Jayson Lowe y Nate Scott.

Constructor de capital, comienzas a ver resultados. Tu póliza ya tiene valor en efectivo acumulado, y ese valor crece, día tras día. Aquí comprendes el **verdadero poder del interés compuesto funcionando a tu favor** y cómo tu dinero puede trabajar sin pausa.

En esta etapa puedes comenzar a pedir tus primeros préstamos de la póliza. Tal vez para un gasto personal importante, para consolidar una deuda o simplemente para experimentar el poder de usar tu propio sistema. Aquí **dejas de ser cliente de un banco y te conviertes en tu propio banquero**.

La confianza crece. Tu sistema empieza a tener estructura. Ya no solo ahorras, ahora **multiplicas tu capital con intención y estrategia**. Cada decisión cuenta. Y lo mejor es que no estás solo: tu sistema ya trabaja contigo.

Etapa 3: Empresario en IBC – Usar el Sistema para Multiplicar

En esta etapa, tu mentalidad y tu sistema se alinean para multiplicar. Ya no solo estás construyendo capital. Ahora lo estás **poniendo a trabajar de manera inteligente**: inviertes, financias activos, adquieres herramientas, apalancas oportunidades. Usas el sistema no solo para guardar, sino para **expandir tu riqueza**.

¿La clave? Lo haces sin salirte del IBC. Pides un préstamo contra tu valor en efectivo, inviertes ese dinero, y mientras tanto tu capital sigue creciendo dentro de la póliza como si nunca lo hubieras tocado. Estás ganando en dos lugares al mismo tiempo. Y eso, **no lo hace el sistema bancario tradicional**.

Esta es la etapa donde muchos descubren la magia de la "multiplicación de usos". Un mismo dólar puede usarse varias veces si está bien colocado. Y eso es lo que hace un arquitecto financiero: **usa el dinero como un recurso vivo**, no como un objeto estático.

Etapa 4: Estilo de Vida – Vivir con Tranquilidad y Legado

Llegar a esta etapa es vivir lo que pocos logran: **libertad financiera real**. Ya no trabajas por dinero; el dinero trabaja por ti. Tu sistema IBC está consolidado, tienes múltiples pólizas activas, y una estructura que genera crecimiento, liquidez y seguridad para ti y para tu familia.

Pero no se trata solo de dinero. Se trata de **vivir con propósito, con paz, con tiempo para lo importante**. Viajes, proyectos, ayuda a otros, descanso… todo eso se vuelve posible porque diseñaste un sistema para vivir en tus términos.

Y como si fuera poco, dejas un legado. No solo un monto, sino una estructura viva, una cultura familiar financiera, **una banca familiar lista para empoderar a las siguientes generaciones**. Estás enseñando a tus hijos no solo a ganar dinero, sino a conservarlo, multiplicarlo y protegerlo.

Cómo avanzas de una etapa a otra

Este viaje no se trata de saltar de un nivel a otro mágicamente. Se trata de decisiones conscientes, consistentes. Cada etapa se construye sobre la anterior. Lo más importante no es con cuánto dinero empiezas, sino **con cuánta claridad y compromiso**.

Avanzas cuando entiendes que el dinero necesita dirección. Avanzas cuando te educas, cuando tomas acción, cuando reinviertes los beneficios del sistema en seguir expandiéndolo. Y avanzas cuando dejas de depender de otros para tener acceso a tus propios recursos.

Las transiciones pueden ser lentas o rápidas. No hay un tiempo fijo. Pero hay algo que siempre acelera tu avance: **la intención y la responsabilidad con la que tratas tu sistema**.

Qué decisiones aceleran tu transición

- Pagar tus primas puntualmente (o incluso anticiparlas).
- Solicitar tus primeros préstamos con estrategia y devolverlos como si fueras tu propio banco.
- Reinvertir en nuevas pólizas cuando tu capacidad lo permita.
- Tener una visión clara: no solo para "ahorrar", sino para **construir algo duradero**.
- Involucrar a tu familia. Enseñarles desde temprano. Que todos se sientan parte del sistema.
- No compararte con otros: tu ritmo es perfecto si es constante.

Recuerda: **el sistema funciona**, pero quien lo hace brillar eres tú. Cuando entiendes que el activo más importante no es la póliza, sino **la persona que la maneja**, todo cobra sentido.

El peligro de estancarte en una sola etapa

Cada etapa del IBC tiene su función, pero quedarse demasiado tiempo en una sola puede convertirse en una trampa. Por ejemplo, muchos ahorradores nunca dan el paso hacia el uso activo de su sistema. Acumulan, acumulan... pero no usan. Otros, al llegar a la etapa de emprender con su sistema, se olvidan de protegerlo o expandirlo con nuevas pólizas.

Estancarse es peligroso porque **el sistema IBC está diseñado para evolucionar contigo**. No es una estrategia estática. El dinero fluye, tú cambias, y tu vida también. Lo que funciona hoy, puede quedarse corto mañana si no ajustas tu visión.

El estancamiento también puede apagar tu motivación. El progreso es parte esencial de sentirse en control. Por eso, conocer las etapas es importante, pero lo crucial es **saber cuándo es momento de avanzar**.

Quedarse demasiado tiempo en una etapa puede parecer cómodo, pero es una forma de autosabotaje financiero. Tomemos el ejemplo de **Ana**, que empezó muy bien en la etapa de Ahorradora. Durante años fue constante con sus aportaciones, pero nunca pidió préstamos ni expandió su sistema. Tenía miedo de "hacerlo mal". El resultado: su dinero creció, sí, pero su vida seguía dependiendo del banco para financiar su auto, su negocio y hasta sus vacaciones.

El IBC está diseñado para **moverte hacia adelante**, no para que te quedes esperando. No avanzar es como tener una bicicleta y nunca pedalearla. El equilibrio solo llega cuando te pones en movimiento.

Cómo adaptar tu estrategia a tu etapa

No todas las decisiones son adecuadas para todas las etapas. Un Ahorrador necesita enfocarse en la disciplina y en consolidar sus hábitos financieros. Un Constructor de Capital necesita aprender a usar los préstamos estratégicamente. Un Emprendedor de IBC debe enfocarse en inversiones inteligentes y sostenibles. Y quien vive en la etapa de Estilo de Vida debe priorizar protección, legado y simplicidad.

Adaptar tu estrategia es una muestra de inteligencia financiera. No se trata de hacer lo mismo que otros hacen, sino de aplicar las herramientas correctas para tu momento actual. Es como construir una casa: no compras los acabados de lujo antes de tener los cimientos. En el IBC, igual.

Cuando adaptas tu estrategia, no solo avanzas con más seguridad, sino con más eficacia. Estás tomando decisiones con conciencia del contexto, y eso marca la diferencia entre un sistema frágil... y uno invencible.

Imagina el siguiente escenario: tienes tu mapa y estás listo para emprender la ruta de exploración de una montaña... pero vas en sandalias. Seguramente será toda una odisea. No es que el camino esté mal, sino que **tu estrategia no corresponde al momento**. Si estás iniciando con tu sistema de IBC muy probablemente no te funcione si quieres usarlo para invertir en una propiedad sin haber acumulado el suficiente capital. El resultado será: estrés financiero innecesario.

Por el contrario, si ya tienes años construyendo capital, seguramente podrás usar un préstamo para financiar equipo para tu empresa, si así lo deseas. Lo importante es estar consciente de donde te encuentras: según la etapa, será la estrategia.

Cada etapa tiene su propósito – Como las estaciones del año

Es un error pensar que solo la última etapa es "la meta". Cada una cumple una función vital, única y poderosa dentro del sistema. Así como en la naturaleza, donde cada estación es esencial para el equilibrio del ciclo de vida, en el viaje IBC, cada etapa es parte de un proceso orgánico que no puede ni debe ser apresurado.

La Etapa de Ahorrador es como la primavera: se cultiva la tierra, se plantan las semillas del hábito, y se comienza a ver la esperanza brotar. Es el tiempo de crear raíces firmes: disciplina, constancia, claridad. Aunque aún no haya frutos visibles, hay vida gestándose.

La Etapa de Constructor de Capital es como el verano: la luz es abundante, el crecimiento es más evidente. Aquí se nutre el sistema con aportes consistentes, se observa cómo el capital gana fuerza, y se comienza a sentir el poder de tener una base sólida que crece todos los días.

La Etapa de Empresario es el otoño: tiempo de cosecha y reinversión. El sistema empieza a financiar tus ideas, tus negocios, tus oportunidades. El dinero fluye, se multiplica, vuelve. Aprendes a usar lo que sembraste y a pensar estratégicamente para seguir alimentando tu sistema.

La Etapa de Estilo de Vida es el invierno: aparentemente más calma, pero profundamente sabia. Aquí ya no se corre, se contempla. Se vive con tranquilidad, se protege el legado, se enseña a otros. Es el momento de recoger la sabiduría de todo lo construido y de compartirla con quienes vienen detrás.

No hay una etapa mejor o peor. Solo hay momentos distintos con propósitos distintos. La primavera no compite con el otoño, ni el invierno con el verano. Cada una trae sus desafíos y recompensas. **Apreciarlas y vivirlas conscientemente es parte de honrar el proceso**.

Además, **cada etapa tiene su propia métrica de éxito**. Como Ahorrador celebra cada mes que pagas tu prima con constancia. Como Constructor de Capital celebra ver tu valor en efectivo (cash value) crecer. Como Emprendedor de IBC celebra cada préstamo que repagas a tu sistema con intereses. Y si ya estás viviendo en el Estilo de Vida celebra con gratitud el haber construido algo que perdurará más allá de ti mismo.

Respetar el ritmo de las estaciones es confiar en que la vida –y tu sistema financiero– florecen cuando se cultivan con intención.

No importa si estás apenas sembrando, si estás regando con esfuerzo, cosechando con emoción o disfrutando con serenidad.

Lo importante es que **estés en movimiento**, en evolución, en conciencia. Porque el sistema IBC no se trata solo de dinero; se trata de crecimiento personal, de madurez financiera, de construir algo que te represente profundamente.

Este viaje no es una carrera. Es un camino de libertad.
Y no se necesita llegar a la última etapa para comenzar a sentirse libre.
La libertad empieza cuando decides asumir el control.

Así como no puedes saltarte estaciones en la naturaleza, tampoco puedes apurar el proceso sin perder algo valioso en el camino. Por eso, honra tu momento. Celebra tus avances. Aprende de tus errores. Ajusta tu rumbo si es necesario. Pero no te detengas.

Y, sobre todo, recuerda esto:
Tú no eres un espectador más. Eres el arquitecto de tu sistema.
Y cada decisión consciente que tomas, te acerca más a la vida que sabes que mereces.

Saber dónde estás te da claridad y Saber hacia dónde vas te da fuerza

No tener claridad sobre en qué etapa estás puede hacerte sentir frustrado, inseguro o disperso.

Identificar tu etapa te da **paz mental y enfoque**. No necesitas compararte con nadie más. Solo necesitas conocer tus próximos pasos, tus prioridades y tus métricas. Y desde esa claridad, puedes avanzar con confianza.

Tener una meta clara transforma tu energía. Saber que estás construyendo algo que crecerá contigo, que protegerá a tu familia, y que te dará acceso a oportunidades que hoy no imaginas, **te impulsa a seguir con determinación**.

La claridad de destino es uno de los combustibles más poderosos del IBC. Porque no estás siguiendo una moda financiera. Estás creando tu propia infraestructura. Y cuando sabes hacia dónde vas, las decisiones difíciles se hacen más fáciles. Tienen un "por qué".

Recuerda: no se trata de velocidad, sino de dirección. No importa si tu avance es lento o rápido. Lo importante es que cada paso que das te acerque a tu diseño ideal de vida.

Y finalmente, **ve cada etapa como un activo**. No es solo lo que estás construyendo, sino en quién te conviertes al atravesarlas. La disciplina del Ahorrador es un activo. La confianza del Constructor de Capital es un activo. La audacia del Emprendedor, también lo es. Y la sabiduría del Estilo de Vida, sin duda, es el activo más refinado.

El sistema crece, pero tú también. El dinero es solo una expresión visible del verdadero valor que estás creando: una forma de vida diferente, más consciente, más libre, más conectada con lo que realmente importa.

Cada etapa te deja una herramienta, una lección, una victoria interna. Y si logras verlas así, este proceso se convierte no solo en un sistema financiero… sino en **una transformación personal poderosa**.

Capítulo 5: La Arquitectura de Tu Propio Sistema Bancario

Cómo se diseña y construye el sistema

Qué tipo de póliza necesitas (y cuál evitar).

No todas las pólizas de seguro son iguales. De hecho, muchas fueron diseñadas para proteger solo en caso de fallecimiento, no para ser parte de una estrategia financiera en vida. Si lo que quieres es construir tu propio sistema bancario personal, necesitas una póliza de vida permanente (Whole Life) con ciertas características muy específicas.

Evita seguros temporales o universales si tu objetivo es aplicar el Concepto Bancario Infinito®. Estas pólizas pueden parecer más baratas al inicio, pero no están hechas para durar toda la vida ni para acumular valor líquido de manera estable y predecible. Tampoco ofrecen las garantías necesarias para construir un sistema sólido de largo plazo. El seguro de vida a término (o temporal) ofrece cobertura por un período específico, y si el asegurado fallece dentro de ese plazo, se paga el beneficio por fallecimiento. Sin embargo, si el asegurado sobrevive al término de la póliza, no se paga ningún beneficio. Esto significa que muchas pólizas de vida a término no llegan a pagar beneficios porque los asegurados sobreviven al período de cobertura. Por otro lado, el seguro de vida permanente proporciona cobertura durante toda la vida del asegurado, siempre que se mantengan al día los pagos de las primas, y acumula un valor en efectivo que puede ser utilizado como una herramienta financiera a largo plazo.

Una póliza diseñada para IBC debe ser emitida por una **compañía de seguros de vida mutual**, donde los titulares de las pólizas son los dueños de la compañía, no hay accionistas. Esta póliza se estructura para crecer de forma estable, con dividendos anuales y con acceso flexible a los fondos acumulados. Este tipo de pólizas están pensadas no solo para proteger, sino para crear.

La herramienta es simple. El truco está en cómo se diseña. Lo importante es elegir una base que puedas construir, expandir y proteger en el tiempo. No te dejes llevar por precios bajos o promesas llamativas. Recuerda: si vas a construir tu propio sistema bancario, necesitas usar los mismos cimientos que usan los bancos de verdad.

El diseño importa más que la compañía

Muchas personas creen que lo más importante es con qué compañía compras tu póliza. Pero la realidad es que **el diseño de la póliza es más importante que la marca del seguro**. Una póliza mal estructurada, incluso con una excelente compañía, no servirá para IBC. Por eso necesitas a alguien que sepa diseñar para este propósito específico. Busca IBC Practitioners autorizados por el Instituto Nelson Nash, esto es con la finalidad de dar una estructura coherente con los principios y bases que Nelson enseña a través de su libro Conviértete en tu Propio Banquero (Becoming your own banker®).

El diseño implica decisiones clave: cuánto va a la prima base, cuánto a las adiciones pagadas (PUA), cómo se va a comportar la liquidez en los primeros años, y cómo será el crecimiento futuro. Estos elementos no vienen "por default" con cualquier póliza, y muchos agentes de seguros ni siquiera saben cómo optimizarlos.

Una póliza diseñada para maximizar valor en efectivo, dividendos y acceso rápido a capital requiere experiencia técnica y comprensión profunda del sistema. Esto es lo que separa una simple póliza de seguro de vida de una herramienta bancaria personal.

Elige trabajar con alguien que no solo entienda de seguros, sino que viva y domine el IBC. Porque lo que estás creando no es un contrato más, es la base de un sistema financiero familiar que puede durar generaciones.

Cómo se determina la prima inicial

La prima inicial no se elige al azar ni con base en lo que "alcanza". Se diseña estratégicamente, partiendo de tus objetivos, tu flujo de ingresos y la etapa del viaje financiero en la que estás. No es lo mismo diseñar para una persona que apenas empieza a ahorrar que para un emprendedor que ya genera utilidades constantes.

Tu prima debería representar **una cantidad que puedas aportar con consistencia, sin sacrificar tu liquidez, pero sí con intención de construir a largo plazo**. Este monto puede ajustarse, ampliarse, o dividirse en múltiples pólizas conforme crezcas. Pero lo importante es que sea realista, manejable y estratégico.

La buena noticia es que, a diferencia de lo que muchos creen, no necesitas millones para comenzar. Lo que sí necesitas es compromiso y visión. Porque una prima bien diseñada, incluso si es pequeña al inicio, puede convertirse en un capital poderoso si se sostiene con inteligencia.

Y recuerda: la prima no es un gasto. Es una transferencia de capital a tu sistema personal. Estás construyendo un activo que crecerá y te devolverá valor, control y tranquilidad.

Flexibilidad en aportes futuros

Uno de los mitos más comunes sobre las pólizas de vida permanente es que son rígidas. Pero la verdad es que **cuando están bien diseñadas para IBC, pueden ser sorprendentemente flexibles**. Puedes hacer pagos adicionales, aprovechar años de mayor ingreso, y también reducir tus aportes si es necesario. Esto, en cuanto a los pagos de PUA, con respecto a la prima base sí es absolutamente necesario aportarla.

Esta flexibilidad es posible gracias a la estructura con **adiciones pagadas (PUAs)**. Cuando haces aportes adicionales a tu póliza (dentro de los límites establecidos), estás alimentando directamente la parte más rentable del contrato. Y lo mejor es que tú decides cuándo y cuánto aportar. Pero, esto es parte de la ayuda y guía continua que tendrás con nosotros, tú no tienes que estructurar la póliza, es solo para que sepas que cada póliza se diseña según las necesidades de cada cliente y la etapa en que se encuentre.

Esto te permite adaptar tu sistema a los altibajos naturales de la vida. Si un año tienes más flujo, puedes potenciar tu sistema. Si otro año necesitas enfocarte en otra área, puedes reducir sin perder beneficios. La clave es saber que estás construyendo algo dinámico, que crece contigo.

El IBC no es una prisión financiera, es una herramienta que te da más control del que jamás has tenido. La flexibilidad no es solo un detalle técnico. Es lo que te permite sostener el sistema con libertad y sin ansiedad.

La magia del "Paid-Up Additions"

En ellas reside uno de los secretos menos comprendidos, pero más poderosos del sistema: las **adiciones pagadas o "Paid-Up Additions" (PUAs)**. Esta es la función dentro de la póliza que te permite **acelerar el crecimiento del valor en efectivo y aumentar el beneficio por fallecimiento sin necesidad de pasar por un nuevo proceso de suscripción**.

Cuando haces un aporte adicional como PUA, estás comprando más seguro pagado en su totalidad. Es un mini seguro adicional dentro de la misma póliza. Esto significa que ese dinero comienza a generar dividendos de inmediato y **se convierte en capital líquido que puedes usar sin interrumpir el crecimiento del resto de la póliza**.

Es como construir pisos extra en un edificio sin tener que reforzar los cimientos. Todo ese capital adicional trabaja para ti, generando crecimiento compuesto y expandiendo tu sistema bancario personal.

Las PUAs son una de las razones por las que los seguros de vida permanente bien diseñados pueden superar a muchas otras herramientas financieras tradicionales. Son versátiles, potentes y están completamente bajo tu control.

La estrategia de múltiples pólizas

A medida que tu sistema crece y tu economía evoluciona, puede tener mucho sentido implementar la estrategia de **múltiples pólizas**. En lugar de poner todo en una sola, puedes diseñar un sistema escalonado, con varias pólizas que se activen en distintos momentos o con diferentes objetivos.

Esto te da **flexibilidad, control y eficiencia fiscal**. Por ejemplo, puedes tener una póliza personal, otra para tu empresa, otra para tus hijos, y todas trabajando dentro del mismo sistema familiar. Así, cada una cumple una función específica y todas aportan al mismo objetivo: independencia financiera y legado.

También permite planificar mejor los aportes, escalonar el crecimiento y tener distintas fuentes de capital disponible en distintos momentos. Es como construir una red de seguridad y expansión con múltiples anclas.

Lo más importante es que no necesitas hacerlo todo al principio. Puedes empezar con una, entenderla, usarla… y cuando estés listo, abrir una nueva con total claridad. Porque al final, estás construyendo tu propio sistema bancario, y no hay límite para lo que puedes lograr cuando tú diseñas las reglas.

Como diría R. Nelson Nash, no se trata de una sola póliza, sino de un *sistema de pólizas,* **donde cada nueva póliza es como abrir una nueva sucursal de tu propio sistema bancario. Y cuando tú eres el dueño del sistema, cada nueva sucursal representa más capital, más control y más libertad.**

¿Cuánto es suficiente para empezar?

Una de las dudas más comunes al descubrir el IBC es: "¿Con cuánto dinero se puede comenzar?" Y la respuesta es tan sencilla como liberadora: **con lo que tengas disponible y puedas mantener de forma cómoda.**

No se trata de montos gigantescos ni de tener una fortuna guardada. De hecho, muchas personas comienzan con aportes mensuales similares a lo que hoy destinan al ahorro o al pago de una deuda. Lo importante no es la cantidad con la que inicias, sino el compromiso con el proceso. Al igual que el interés compuesto, el secreto está en la constancia y el tiempo.

Puedo decirte que "no hay una cantidad mínima preestablecida para empezar, pero sí se requiere de un deseo fuerte por aprender y comprometerse". Si tienes ese deseo, ya tienes lo más importante. Porque este sistema crece contigo, se adapta a ti, y puede escalar conforme evolucione tu economía.

En resumen: no postergues tu libertad financiera esperando el "momento ideal" o "la cantidad ideal". El mejor momento para comenzar fue ayer. El segundo mejor, es hoy.

¿Qué significa "colateralizar" tu dinero?

Este es uno de los conceptos más poderosos del sistema IBC, y uno de los menos conocidos por el público general. Cuando hablamos de "colateralizar" tu dinero, nos referimos a usar el valor en efectivo de tu póliza como garantía para obtener préstamos… **sin tocar ese dinero directamente.**

Piensa en esto: si tienes $10,000 en tu póliza, puedes pedir un préstamo usando ese valor como respaldo. La aseguradora te presta el dinero, pero tu capital sigue dentro, creciendo y generando dividendos como si nunca hubiera salido. Esa es la magia del sistema: *usar sin interrumpir.*

Este principio es lo que permite tener dos usos con el mismo dólar. Es como tener una semilla que, aunque tomas prestada su sombra, sigue creciendo y fructificando. En el mundo financiero tradicional, esto sería impensable. Aquí, es parte del diseño.

Colateralizar tu dinero es lo que te permite usar tu capital para oportunidades, emergencias o estrategias… sin perder el beneficio del crecimiento a largo plazo. Es el secreto para que tu dinero trabaje en dos lugares al mismo tiempo.

Cómo estructurar para Protección y Liquidez

Una buena póliza diseñada para IBC debe equilibrar dos grandes prioridades: protección y liquidez. Y aunque suene complejo, no lo es. Solo requiere conocimiento y visión.

La protección viene del valor asegurado: si falleces, tu familia recibe un monto significativo libre de impuestos. Pero más allá de eso, la póliza también te protege *en vida*: frente a emergencias, frente a decisiones desesperadas y frente al sistema financiero tradicional. Es una red de seguridad que siempre está ahí, creciendo silenciosamente, lista para respaldarte cuando lo necesites.

La liquidez, por otro lado, es la capacidad de acceder a tu dinero *cuando lo necesites*, sin penalizaciones, sin papeleo absurdo, sin tener que justificarlo ante nadie. Esto se logra a través de un diseño que privilegie el crecimiento temprano del valor en efectivo. Es decir, no cualquier póliza sirve: debe estar especialmente diseñada para el sistema del Concepto Bancario Infinito® (IBC), con una estructura que maximice el acceso y el control desde los primeros años.

Y aquí es donde este sistema se vuelve aún más poderoso para personas jóvenes. Porque no se trata solo de dejar un beneficio por fallecimiento, sino de crear una herramienta financiera viva y útil desde hoy. Como decía Nelson Nash: *"Tu necesidad de financiamiento a lo largo de tu vida es mucho mayor que tu necesidad de protección por muerte."* Y entender esto lo cambia todo.

Debemos hacer un *switch* mental. Este no es solo un seguro. Es un regalo de libertad financiera. No solo para nosotros, sino para nuestros hijos. Porque cuanto más pequeños sean al momento de recibir su póliza, más eficiente será. Tendrán décadas por delante de crecimiento garantizado, uso estratégico del dinero y control absoluto sobre su futuro financiero.

Por eso, estructurar bien es más que una estrategia. Es una decisión consciente de construir una vida con propósito, solidez y soberanía económica.

Pensar en décadas, no en días

Vivimos en una cultura de inmediatez. Queremos resultados rápidos, gratificación instantánea y soluciones mágicas. Pero la verdadera riqueza —la que perdura, protege y libera— **no se construye en días, sino en décadas.**

El IBC no es un atajo. Es una estrategia de largo plazo que se fortalece con el tiempo. Es como plantar un árbol: al principio parece pequeño, pero cada año crece, echa raíces y comienza a dar sombra y frutos.

Pensar en años es lo que diferencia a quien sobrevive financieramente de quien construye un legado. Es lo que convierte a un trabajador en un estratega. Cuando tu enfoque cambia, tus decisiones también cambian. Y eso transforma tu vida.

Así que no te dejes engañar por promesas de retornos rápidos. El juego real se gana con visión, paciencia y estrategia.

Tu póliza es una herramienta, no un destino

Es fácil emocionarse con todos los beneficios de una póliza de vida permanente diseñada para IBC: crecimiento garantizado, liquidez, protección, dividendos... Pero es fundamental entender esto: **la póliza no es el destino, es la herramienta.**

Tener la póliza es el primer paso. Pero lo que marcará la diferencia es *cómo la usas*. El sistema IBC no se trata solo de guardar dinero, sino de saber movilizarlo estratégicamente, crear flujos, tomar decisiones conscientes y construir un ecosistema financiero familiar.

Una herramienta mal usada puede traer frustración. Una herramienta bien usada, te transforma la vida. Por eso, este libro no solo busca que tengas una póliza, sino que aprendas a usarla como un verdadero arquitecto de tu libertad.

Cuando entiendes que tú eres el protagonista, y que la póliza es el vehículo que te lleva a tu meta... entonces comienzas a jugar un juego completamente distinto. Uno donde tú tienes el volante, y las reglas ya no las dictan los demás, sino tu visión.

Capítulo 6: Usando tu Sistema de Forma Inteligente

Acceso al dinero sin tocar el capital

Accede a préstamos sin tener que calificar.

Una de las ventajas más poderosas del sistema IBC es que puedes acceder a préstamos contra tu póliza *sin pedir permiso*. No hay análisis crediticio, no te hacen preguntas incómodas, no necesitas justificar el uso del dinero. ¿Por qué? Porque estás usando tu propio capital como garantía. Es como tener una línea de crédito privada y automática que responde a tus decisiones, no a las de un banco.

Cuando pides un préstamo a través de tu póliza, la aseguradora te presta su dinero usando el valor en efectivo de tu póliza como colateral. Esto significa que tú decides cuándo, cuánto y cómo pagar. El único "requisito" es ser responsable, porque al final del día, este sistema está hecho para darte libertad... no para que la desperdicies.

Pagas intereses... ¿pero a quién?

Sí, los préstamos de póliza tienen un interés. Pero aquí viene la parte mágica: ese interés **no se lo estás pagando a un banco**, sino a **la compañía de seguros de vida mutual** de la que tú eres copropietario como titular de póliza. Es un sistema cerrado que se retroalimenta, porque tú formas parte de los dueños de la institución que te presta.

Esto crea una dinámica completamente diferente: estás moviendo el dinero dentro de tu propio sistema, no hacia afuera. El interés que pagas no desaparece. Fortalece el fondo general del que tú y otros asegurados reciben dividendos. Es como si pudieras pedir prestado de tu empresa familiar y ayudar a que crezca mientras tú mismo haces uso de sus recursos. ¿Ves lo distinto que es esto de una tarjeta de crédito?

Mantener el crecimiento de tu dinero intacto incluso al usarlo

Aquí está el secreto que cambia las reglas del juego: **aunque pidas prestado contra el valor de tu póliza, ese valor en efectivo sigue creciendo como si nunca hubieras tocado el dinero.** ¿Cómo es posible? Porque el préstamo se garantiza contra ese valor, pero **no lo utilizas**. La aseguradora te presta desde sus fondos, usando tu póliza como garantía. Tu valor en efectivo no se detiene ni se interrumpe.

Esto se llama **crecimiento ininterrumpido**. Y es una de las razones por las que el IBC es tan potente. Estás utilizando el dinero y al mismo tiempo sigues acumulando beneficios. Es lo opuesto a lo que pasa cuando retiras de una cuenta de ahorro o inversión tradicional. Ahí, el dinero sale… y obviamente, deja de crecer, el banco no te sigue pagando ningún interés si sacas tu dinero de la cuenta. En cambio, en tu póliza de seguro, sigue trabajando por ti en segundo plano.

El concepto de "dinero en movimiento"

El dinero que se queda quieto pierde valor con la inflación. Es como el agua estancada: al principio parece inofensiva, pero con el tiempo se llena de impurezas, se deteriora y termina siendo inútil, incluso peligrosa. En cambio, el agua que fluye se mantiene limpia, viva y en constante renovación. Lo mismo pasa con tu dinero.

Por eso, uno de los principios más importantes del IBC es mantener el dinero en **movimiento constante**. Pedir un préstamo para invertir, reinvertir, cancelar deudas, aprovechar oportunidades o incluso financiar tu estilo de vida… todo eso mantiene vivo tu sistema. El flujo es salud financiera. La inactividad es deterioro.

Este movimiento crea lo que llamamos la **velocidad del dinero**. No solo importa cuánto ganas, sino cuántas veces puedes hacer que un mismo dólar trabaje para ti. Y el IBC es la herramienta perfecta para lograrlo, porque puedes usar un mismo capital en múltiples ocasiones, sin frenar su crecimiento. Tu dinero fluye, crece y se multiplica —tal como un río que da vida a todo lo que toca.

Cómo usar tu póliza para pagar deudas

Si tienes deudas de alto interés, como tarjetas de crédito, préstamos personales o financiamientos de autos, tu sistema IBC puede ser un gran aliado. Puedes pedir un préstamo de tu póliza, pagar esas deudas, y luego devolver el dinero **a tu**

propio sistema, con intereses como lo hacías a la institución financiera, así recapturas esos intereses y los rediriges a tu sistema.

Esto no solo reduce la presión financiera, sino que te ayuda a recuperar el control. En lugar de estar atrapado en pagos eternos a terceros, estás reestructurando la deuda dentro de un sistema que te pertenece. Estás reciclando el dinero en un entorno de crecimiento. Es como rescatar a tu propio capital de manos enemigas y ponerlo a salvo en casa.

Reinvertir dentro de tu sistema

Una vez que usas un préstamo de tu póliza, puedes reinvertirlo dentro del mismo sistema. Por ejemplo, si lo usaste para una inversión que te dio ganancias, puedes usar parte de esas ganancias para devolver el préstamo… y repetir el proceso. Esto crea un **ciclo virtuoso** de crecimiento y eficiencia.

Así, tu sistema se vuelve un "negocio dentro del negocio". Con cada vuelta, tu capital base crece, tu confianza aumenta y tus decisiones financieras se vuelven más estratégicas. Reinvertir dentro del sistema no es solo una buena práctica: es una filosofía de vida. Es entender que tú eres el banquero, el cliente, el dueño… y el beneficiario final de toda esa inteligencia financiera.

Las tres tasas del sistema: interna, externa y eterna

En el mundo del Concepto Bancario Infinito® (IBC), las tasas de interés no solo se miden en porcentajes… también se miden en impacto. Y hay tres tipos que vale la pena entender, porque juntas forman el corazón de este sistema financiero personal: la **tasa interna**, la **externa** y la **eterna,** como las explicó Bruce Wehner de The Money Advantage en el Think Tank 2025 celebrado en Orlando, Florida.

La **tasa interna** es el crecimiento garantizado diario de tu póliza de vida permanente. Sí, diario. ¿Por qué es garantizado? Porque con cada día que pasa, envejecemos... y nos acercamos, inevitablemente, a nuestra **fecha de graduación**. Y por contrato, el **valor en efectivo** de tu póliza debe igualar el **beneficio por fallecimiento** a la edad de 121 años. Eso significa que la compañía de seguros tiene el compromiso legal de hacer crecer ese valor día con día, sin importar cómo esté la economía, los mercados, o el mundo exterior. Así que este crecimiento interno no es especulación: es un **acuerdo firme** que trabaja silenciosa y fielmente a tu favor.

La **tasa externa** es la que tú eliges crear al poner en movimiento ese capital. Puede ser una inversión estratégica, el pago de una deuda que te libera y te devuelve intereses, o incluso financiar una compra importante para tu negocio o familia. Aquí es donde se ve tu creatividad y visión: el mismo dinero que crece internamente, puede también generar retornos fuera del sistema... sin dejar de crecer por dentro. Es el famoso "hacer que el mismo dólar trabaje en dos lugares al mismo tiempo".

Y luego está la **tasa eterna**. Esta no aparece en ningún simulador financiero, pero es quizás la más poderosa de todas. Es el retorno de haber creado un sistema que trasciende tu vida. Cuando construyes un sistema bancario personal/familiar bien diseñado, educas a tus hijos y los involucras en el proceso, estás sembrando libertad financiera que puede durar generaciones. Ese retorno no se mide en dólares, sino en legado, en valores, en autonomía. **Esa es tu tasa eterna.**

Como decía Nelson Nash, todos estamos en dos negocios: el de nuestra profesión y el de la banca. Y el de la banca es el más importante. Porque cuando entiendes estas tres tasas, comprendes que no se trata solo de "tener una póliza", sino de **crear un sistema vivo, estratégico, y verdaderamente transformador** para ti y tu familia.

Cómo convertir pagos pasivos en activos

Una de las transformaciones más poderosas que permite el IBC es cambiar la naturaleza de tus pagos. En lugar de hacer pagos pasivos que simplemente desaparecen (como rentas, préstamos, tarjetas de crédito, etc.), puedes redirigir esos mismos pagos hacia tu propio sistema, y así convertirlos en activos.

Por ejemplo, si pagas $500 mensuales a un banco por un préstamo, ese dinero se va… y no regresa. Pero si financias esa compra a través de un préstamo desde tu póliza, esos mismos $500 pueden regresar a tu propio "banco familiar". ¿El resultado? Estás capitalizando tu sistema en lugar de enriquecer a una institución externa.

Esto no significa que los pagos desaparezcan, sino que cambian de dirección. Sigues pagando, pero ahora tú eres el beneficiario de esos pagos. Cada dólar que regresa a tu póliza no solo recupera tu capital, sino que mantiene el crecimiento de tu valor en efectivo sin interrupciones.

Este cambio de enfoque convierte decisiones rutinarias en estrategias de capitalización. Y lo mejor es que tú decides el ritmo, el monto y la intención detrás de cada pago. Tu sistema se vuelve más robusto, y cada gasto se convierte en una oportunidad para crecer.

Tu sistema como línea de emergencia y oportunidad

Muchos ven el IBC solo como una herramienta para el futuro, pero su verdadero poder se activa en el presente. Cuando tienes una póliza diseñada estratégicamente, estás creando una **línea de crédito privada**, accesible, sin burocracia, ni justificaciones.

¿Emergencia médica? ¿Una inversión inesperada? ¿Reparaciones urgentes? ¿Una oferta única para tu negocio? En lugar de endeudarte con terceros, puedes acceder a capital desde tu propia póliza y resolver el problema **sin pedir permiso a nadie**. Esa disponibilidad inmediata te da una ventaja que pocos tienen: **responder con velocidad, sin sacrificar tu estabilidad.**

Pero lo más poderoso es que esta "línea" también está disponible para oportunidades. Porque no solo se trata de "salir del apuro", sino de **aprovechar el momento correcto** para invertir, crecer o apoyar a otros. El verdadero poder no es tener dinero guardado, sino tenerlo disponible **cuando realmente importa.**

El poder de decidir cuándo y cómo repagar

Cuando accedes a un préstamo desde tu póliza, no hay burocracia, no hay solicitudes ni verificaciones de crédito, y tampoco hay un calendario obligatorio de pagos como en los bancos tradicionales. Tú tienes el control: decides cuándo repagar, cómo hacerlo, y a qué ritmo. Esta libertad es uno de los grandes beneficios del IBC. Pero también es su prueba más grande.

Porque, aunque nadie vendrá a tocarte la puerta si no devuelves ese préstamo... **tú sí pagarás el precio.** Si no repones los fondos que tomaste, **debilitas tu sistema.** Lo haces menos eficiente, más frágil, menos capaz de responder en el futuro. Lo que empezó como una fuente de libertad, puede transformarse en una carga silenciosa que limita tu crecimiento. No hay castigo externo, pero sí **una erosión interna** que terminará afectando a quien más importa: tú y tu familia.

Por eso, Nelson Nash, con toda su sabiduría y humor, lo ilustraba con una escena simple y poderosa: Imagina que tú eres dueño de un supermercado. Cada vez que tomas un préstamo de tu póliza, es como si tomaras productos de los estantes para tu consumo personal. Nadie te va a detener. Es tu tienda. Pero si **no pasas por la caja registradora y los pagas, no podrás reponer lo que tomaste**, lo que causa que el negocio empieza a vaciarse. Y tarde o temprano, **quiebras tu propio supermercado.**

El mensaje es claro: **no te robes la lata de chícharos** (ni el pan, ni el jamón, ni nada del estante). Porque si lo haces, estás saboteando tu propia fuente de riqueza. Lo que al principio era una estrategia brillante de crecimiento y liquidez, puede colapsar si se abusa de ella o se ignora su lógica. La libertad que te ofrece el IBC **no es libertinaje financiero**. Es una **autonomía con responsabilidad**.

No repagar un préstamo es matar de hambre a tu propio sistema. **Es como talar un árbol para comerte las hojas.** El IBC no está diseñado para usarse una vez y olvidarlo. Está hecho para ser una fuente continua de capital, un sistema vivo… no lo mates de hambre.

Así que sí, tienes el poder de decidir cuándo y cómo repagar. Pero usa ese poder con sabiduría. Pasa por la caja. Reponlo con amor, estrategia y visión. Porque si cuidas de tu sistema hoy, tu sistema cuidará de ti mañana… y también de tus hijos, tus nietos, y todo tu legado.

Capítulo 7: Historias Reales, Resultados Reales

Lo que ha pasado con quienes lo implementaron

Para comprar tus automóviles

Andrés, un padre de familia de 35 años, había estado ahorrando para cambiar su auto. Su plan inicial era financiarlo a través de una agencia o el banco, como hacen la mayoría. Sin embargo, tras aprender sobre el Concepto Bancario Infinito® (IBC), tomó una decisión distinta: **usar su póliza de seguro de vida permanente para financiar la compra él mismo.**

Pidió un préstamo de $22,000 desde su póliza para comprar el auto **al contado**, lo que no solo le evitó papeleos y revisiones crediticias, sino que también le permitió **negociar un descuento de $1,500** por pagar de contado. Fue dueño del vehículo desde el día uno, sin intereses externos ni contratos complicados.

Pero Andrés no se detuvo ahí. Como parte de su compromiso con el sistema, decidió seguir haciendo los pagos **tal como lo habría hecho con la institución financiera**, solo que ahora **se los pagaba a él mismo**. Cada mes, devolvía el préstamo con intereses al sistema IBC, lo que fortalecía aún más su propio almacén de capital.

Mientras tanto, su póliza seguía acumulando valor en efectivo de forma garantizada y sin interrupciones, como si el dinero nunca hubiera salido. En los siguientes años, Andrés no solo tenía su auto completamente pagado, sino que su póliza **había recuperado el capital utilizado para la compra y generado intereses que ahora estaban disponibles para su próximo proyecto.** En vez, de hacer los pagos a una institución financiera se los hizo así mismo, logrando quedarse con las dos cosas, su auto y el dinero que pagó por él.

¿Lo mejor? Repitió el ciclo. La siguiente vez, usó el dinero para una remodelación en casa. Más adelante, para ayudar a su hijo con los gastos de la universidad. Cada préstamo fue un paso hacia más control, más eficiencia y más libertad.

Empresarios que ya no piden préstamos al banco

Carlos es dueño de una empresa de construcción. Durante años, había confiado en líneas de crédito bancarias para financiar inventarios grandes, aprovechar descuentos por volumen o cubrir pagos de nómina y gastos operativos en lo que terminaba algún proyecto y recibía el pago. Pero cada préstamo venía con condiciones: papeleo, tasas variables, garantías personales... y la constante sensación de estar a merced de alguien más. Incluso, en una ocasión no pudo hacer pagos a tiempo debido a un atraso en el pago de la persona que lo contrató para hacer el proyecto. Debido a esto su historial de crédito bajó y ahora acceder a créditos implica tasas más altas.

Cuando descubrió el IBC, empezó con una póliza moderada que fue creciendo conforme su empresa también lo hacía. Al cabo de tres años, **Carlos pudo financiar la compra de un**

nuevo camión para el negocio usando su póliza, sin necesidad de acudir al banco. A partir de ahí, comenzó a capitalizar también la compra de inventario, el mantenimiento de sus equipos e incluso la nómina en épocas de baja.

Cada dólar que antes salía de su cuenta hacia el banco ahora se redirige a su propio sistema. Su empresa sigue operando igual o mejor… pero **los intereses ahora se quedan en casa**. Hoy tiene una red de tres pólizas activas: una personal, una para la empresa, y una más que está diseñando para su hija, que ya trabaja con él. Y lo mejor: no ha vuelto a pisar un banco para pedir un crédito.

Padres que aseguran el futuro de sus hijos

María y Javier tienen dos hijos pequeños. Como muchos padres, querían asegurarles un futuro con oportunidades, pero no querían que sus hijos comenzaran la adultez llenos de deudas. En lugar de ahorrar en una cuenta bancaria o abrir un fondo universitario tradicional, optaron por una estrategia diferente: **abrir una póliza especialmente diseñada para cada hijo.**

Cada mes, hacían aportaciones modestas, pero constantes. A medida que las pólizas crecían, también lo hacía su capital disponible. Cuando su hija mayor cumplió 18 años, **pudieron pagarle el primer año de universidad con un préstamo desde su póliza**. A diferencia de un préstamo estudiantil, **ellos mismos controlaban los términos del pago**, y el dinero siguió creciendo dentro del sistema.

Pero la verdadera enseñanza fue la mentalidad. Sus hijos crecieron entendiendo que el dinero es una herramienta, no un fin. Que se puede acceder a capital sin depender de nadie más. Y que **un sistema financiero familiar sólido es el mejor legado** que pueden heredar. Hoy, ambos hijos están asegurados, tienen acceso a capital, y entienden cómo usarlo con sabiduría.

Cómo proteger un negocio familiar con IBC

La familia Gómez lleva tres generaciones administrando una empresa de carpintería fina. Sabían que eventualmente tendrían que enfrentar sucesiones, impuestos y momentos de crisis. Fue entonces cuando conocieron el IBC. En lugar de solo protegerse con un seguro tradicional, **diseñaron un sistema bancario familiar que ahora funciona como el corazón financiero de su empresa.**

Usaron las pólizas para renovar maquinaria, enfrentar la pandemia sin despedir empleados y financiar la expansión de un nuevo local. Pero el verdadero valor se reveló cuando el patriarca falleció: **el beneficio por fallecimiento cubrió todos los impuestos sucesorios**, liberó a la empresa de obligaciones bancarias y permitió que la segunda generación tomara el control sin desestabilizar nada.

Hoy, cada miembro de la familia tiene una póliza. Las ganancias de la empresa fluyen estratégicamente hacia su sistema, y en cada reunión familiar, revisan el estado del "sistema bancario de los Gómez". No solo tienen continuidad... tienen visión a 50 años.

El caso de la familia que se protege generación tras generación

Los Pérez escucharon por primera vez del IBC en una conferencia sobre legado familiar. Decidieron implementar un sistema completo: una póliza para cada padre, para cada hijo y hasta para los nietos recién nacidos. Cada póliza tiene un propósito: financiamiento, respaldo, educación, inversión o protección.

Se reúnen cada año para revisar su avance, reinvertir dividendos, planear los préstamos y asignar nuevas funciones. **Los nietos, incluso los más pequeños, ya entienden conceptos como interés compuesto, liquidez y patrimonio.**

Ya han pasado dos décadas desde que comenzaron, y **el sistema familiar sigue creciendo de forma exponencial.** Hoy, los hijos no piden préstamos al banco para sus proyectos. Toman prestado del sistema familiar... y lo reponen con orgullo. La visión no es sólo acumular riqueza, sino **formar una cultura financiera que perdure.**

Usos inesperados: salud, viajes, educación

Cecilia, madre soltera y trabajadora incansable, comenzó su póliza IBC pensando en el futuro de su hijo. Pero cuando fue diagnosticada con una enfermedad que requería tratamiento fuera de su ciudad, **pudo usar un préstamo de su póliza para pagar hospital, medicamentos y transporte,** sin endeudarse ni vaciar su fondo de emergencia.

Kristina, por su parte, usó su póliza para **financiar un año sabático**, viajar por Sudamérica y escribir un libro. Lo había soñado por años, pero nunca creyó que fuera financieramente viable. Su sistema le permitió hacerlo sin sacrificar sus ahorros ni interrumpir el crecimiento de su capital.

Y luego está Olivia, una joven que **pagó su carrera universitaria completa con el sistema que sus padres habían abierto para ella desde que nació.** Hoy, se gradúa sin un solo dólar en deudas.

El IBC no es rígido. **Se adapta a tu vida, a tus sueños, a tus urgencias y a tus momentos más especiales.**

Cómo evitar el "interés cero" del Equity

Luis tenía su casa pagada al 60%. Mucho "Equity", poco uso. Para acceder a ese capital, debía hipotecar de nuevo la casa o hacer un refinanciamiento... con costos, trámites y más deuda. En cambio, decidió usar una póliza IBC: fue acumulando capital en su póliza, y **cuando necesitó remodelar su cocina y baño, usó un préstamo desde ahí.**

¿La diferencia? Su casa no fue usada como garantía. **Su dinero siguió creciendo en la póliza, y pudo pagar a su ritmo.** Mientras muchos solo "acumulan valor en papel" él creó **liquidez real sin renunciar al crecimiento.**

Hoy, Luis ve el equity como una ilusión si no tienes control sobre él. Prefiere el capital líquido y accesible de su póliza, que **le da rendimientos, lo protege y le responde.**

De deuda de tarjeta a dueño de capital

Verónica tenía $18,000 en tarjetas de crédito. Las tasas de interés la estaban ahogando. Cada mes pagaba y pagaba, pero la deuda apenas bajaba. Al descubrir el IBC, decidió implementar una estrategia audaz: **abrir una póliza, capitalizarla durante un año, y luego pedir un préstamo de la misma para pagar sus tarjetas.**

A partir de ahí, **se estableció una disciplina de pagarle al sistema como si le estuviera pagando al banco.** Pero con una gran diferencia: cada pago fortalecía su propia economía.

Tres años después, no solo eliminó toda la deuda, sino que **tenía más de $25,000 en valor en efectivo dentro de su póliza.** Hoy, cuando necesita dinero, lo toma de su sistema, y lo devuelve… con intereses. Pero esta vez, **ella es la banquera.**

Como ella misma dice: "salí de la esclavitud de los pagos… y construí mi propio camino hacia la libertad."

Capítulo 8. Tu momento ha llegado

Tu momento ha llegado

Si estás leyendo esto, no es casualidad. Has recorrido un camino de descubrimiento, desmitificación y empoderamiento. Ahora sabes que **el sistema financiero tradicional nunca fue diseñado para ayudarte a prosperar**, pero tú tampoco fuiste diseñado para conformarte.

Eres capaz de mucho más.
Capaz de construir un sistema financiero que trabaje para ti.
Capaz de recuperar el control sobre tu dinero, tu tiempo y tu vida.
Capaz de liberar a tu familia del ciclo eterno de dependencia y escasez.

Ya no se trata solo de teoría. Has visto cómo funciona. Has conocido historias reales.
Lo que sigue es la parte más poderosa de todas: la tuya.

¿Estás listo para dejar de pedir permiso y empezar a decidir por ti mismo? ¿Estás listo para dejar de ser cliente del sistema y convertirte en el dueño del sistema?

Entonces no lo pienses más.

- Escríbeme personalmente a lupita@sistemaibc.com
- O visita ahora **www.sistemaibc.com**

y da el primer paso hacia tu **sistema bancario familiar**, tu **libertad financiera** y tu **legado eterno**.

Esto no es una teoría más.
No es una moda pasajera.
Es una revolución silenciosa, una estrategia legal, humana y poderosa que lleva más de 100 años funcionando para quienes se atreven a salirse del molde.

Tú no necesitas tener millones para empezar.
Solo necesitas el deseo sincero de aprender, de proteger a los tuyos, y de tomar las riendas.

La libertad no se hereda. **Se construye.**

Y si estás leyendo estas últimas líneas…
es porque tú también viniste a construir algo grande.

Con estrategia, conciencia y poder.
— **Lupita Villegas**

Libros Recomendados

Conviértete en Tu Propio Banquero (Becoming Your Own Banker®) by R. Nelson Nash

Building Your Warehouse of Wealth by R. Nelson Nash

The Perfect Investment by L. Carlos Lara

How Privatized Banking Really Works by L. Carlos Lara & Robert P. Murphy

The Case for IBC by R. Nelson Nash, Robert P. Murphy, L. Carlos Lara

www.ingramcontent.com/pod-product-compliance
Lightning Source LLC
Chambersburg PA
CBHW050657160426
43194CB00010B/1978